Paola Colombini

Ciao a te, Papà
La tua storia e l'Alzheimer

MNAMON

"Non esiste separazione definitiva finché esiste il ricordo."
Isabel Allende, *"Paula"*

A te papà,
con infinito amore

PROLOGO

«*Tu come ti chiami?*».
Sei seduto sulla poltrona e ti giri verso di me, che sono di fianco, sul divano.
Mi guardi sorridendo e spalancando gli occhi, nei quali mi sembra di scorgere un guizzo di curiosità.
Hai l'espressione di un bambino, nell'atto di avvicinarsi a qualcuno che vede per la prima volta.
«*Io mi chiamo Paola*», ti rispondo.
Cerco di essere quanto più calma, dolce e rassicurante possibile, proprio come se parlassi ad un bimbo e non volessi spaventarlo, inibendo in tal modo i suoi tentativi di aprirsi al mondo.
Siamo soli, in questo momento. Tu non puoi accorgerti, ma anche se ci fosse qualcun altro, nella stanza, non si renderebbe conto dello sforzo che sto facendo, per mantenere la calma e la serenità che manifesto, per non fare una smorfia di dolore, alla botta che mi è arrivata nello stomaco alla tua domanda.
Per non scoppiare a piangere.
Perché il mio nome lo sai. E non sei un bambino, papà.
Hai 85 anni.
Ma da quando è iniziata questa tragedia, tu non hai più un'età. Non c'è un tempo od uno spazio, per te. Non ricordi e non ci riconosci più, non sai chi sei, dove ti trovi, che giorno sia, a cosa servano gli oggetti. Non capisci quello che ti si dice e ciò che dici tu è sempre più confuso e privo di senso.
Esisti, fluttuando in un limbo, nel quale non ci sono più giorni, luoghi, cose da fare, emozioni, affetti.
Vaghi, col pensiero, col linguaggio e muovendoti fisicamente, in apparenza senza uno scopo od una meta precisa.
Sei qui, ma non ci sei più.
La tua storia, la tua identità e la tua vita quotidiana si

9

sono sfilacciate, logorate a poco a poco da questa malattia, terribile, che, implacabile, ti sta consumando i neuroni, rendendoli sempre più malfunzionanti.
Ed io, la mamma, i miei fratelli Stefano ed Alessandro, non possiamo farci nulla.
Perché non esiste una cura.
Dobbiamo solo assistere, impotenti, a questo disastro, cercando di contenere i danni derivati dai tuoi comportamenti disfunzionali, di proteggerti da te stesso e dal male che potresti fare anche agli altri, di starti vicino e di dimostrarti tutto il nostro affetto. Sforzandoci ogni minuto di dare un senso a ciò che ti sta succedendo, per accettare e per non sprofondare in un abisso di disperazione e di dolore.
È così e non può essere altrimenti, purtroppo.

INTRODUZIONE

Gennaio 2015.
È arrivato il momento, forse.
Ho ripreso in mano queste righe dopo mesi. Avevo iniziato lo scorso anno a scrivere di te, quando non ti riconoscevo e non ti ritrovavo più, papà, a causa della malattia che, inesorabilmente, avanzava; quando lo strazio nel vederti così offeso dal male, lo smarrimento ed il dispiacere per ciò che stava succedendo, avevano fatto nascere in me il desiderio di raccontarla, questa storia.
Per parlare di quello che vivevo e provavo da vicino ma che evitavo di manifestare all'esterno, presa com'ero da tanti aspetti pratici e dovendo essere anche di supporto agli altri, nella gestione quotidiana della grave situazione che ci era piombata addosso.
Per condividere quei pensieri e quelle emozioni che spesso non si esprimono, trasmettendo così comprensione e vicinanza a coloro i quali, come me, la mamma, i miei fratelli, avevano vissuto o stavano vivendo lo stesso dramma.
Per far conoscere a chi non ne ha idea o, forse, ne ha soltanto sentito parlare, cosa sia veramente la malattia che ti ha colpito.
Per attirare l'attenzione dell'opinione pubblica su questa realtà, tanto drammatica quanto sconosciuta.
Nella speranza che ciò potesse contribuire alla promozione di più approfondite, mirate ed efficaci strategie di intervento, attraverso la ricerca scientifica, la prevenzione, l'azione di tutti le organizzazioni, le agenzie e le figure professionali che ruotano attorno agli ammalati ed a chi si occupa di loro.
Dall'episodio che ho descritto, risalente a quasi due anni fa, sono cambiate molte cose. Ed anche dallo scorso anno, da quando ho iniziato a scrivere queste righe.
Quella più importante è che, qualche mese fa, il tuo organismo ha detto basta. Ha smesso di lottare, ha cessato di vivere.
E tu te ne sei andato, papà. Dove, ancora non lo so.
Voglio di certo parlare della tua malattia, perché lo ritengo di

fondamentale importanza.
Ma adesso, ho probabilmente ripreso a scrivere anche per cercare di riportarti qui. Ovunque tu sia.
Ho avuto bisogno di tempo, però.
Subito dopo la tua dipartita, ci sono state ancora tante questioni amministrative e pratiche da gestire.
C'è stata la mamma, da sostenere. Ma soprattutto, emotivamente, mi sentivo come se qualcosa di enorme, ad altissima velocità, mi avesse travolto ed io fossi sopravvissuta, rimanendo però completamente stordita dall'urto; ritrovandomi totalmente svuotata, dopo che questa cosa si era messa tra me e la terra, il cielo, l'aria, la vita.
Credevo di essere pronta. Anzi, lo desideravo, perché non ce la facevo più a vederti ridotto in quello stato e volevo che la tua sofferenza finisse, insieme allo strazio causato a tutti noi dalla malattia.
Ma come non lo ero affatto, quando ho iniziato a perderti per la patologia, così è stato mille volte di più per la tua morte fisica.
Credo non si possa mai essere pronti ad assistere e a gestire un evento così immenso, assoluto ed antico, rispetto a noi esseri umani.
Ho davvero avuto bisogno di tempo. Affinché, piano piano, questa cosa enorme, che mi era venuta addosso a tutta velocità, iniziasse a diventare più piccola, più lenta ed alla mia portata, a prendere una forma ed a trovare uno spazio, dentro di me.
Attraverso i ricordi, i pensieri e le emozioni che ti riguardano, papà.
Allora, adesso è davvero arrivato il momento.
Di venirti a prendere. Di ricominciare a parlare di te. Di raccontare la tua storia, non solo di ammalato ma anche di uomo: bambino, giovane, figlio, fratello, adulto, marito e papà. Di ricordare la tua vita che, per un tratto, è stata anche la nostra. In un percorso che si è snodato attraverso tanti momenti, a volte difficili e tristi ma in altre occasioni anche di gioia e di serenità. Sfociando poi, per una serie di motivazioni che spiegherò, nella malattia degli ultimi anni.

È tempo di scrivere, per lasciare, attraverso le mie parole, una traccia del tuo passaggio in questa vita.
Ma soprattutto affinché, quanto ci è capitato, possa servire a chi leggerà.

UNA BRUTTA MALATTIA

Una volta, in riferimento alle persone anziane che non ragionavano più, si diceva: «Ha l'*Arteriosclerosi!*».
Poi si è detto "*Demenza Senile*".
In seguito, solo "*Demenza*" e adesso, con un'espressione che ormai è entrata nel linguaggio comune, "*l'Alzheimer*". In realtà, quest'ultima è la forma più comune e diffusa, che rappresenta il 60% circa di tutti i casi.
Demenza: così si chiama la tua patologia.
O meglio, essendo stata presumibilmente correlata anche ad una serie di ischemie cerebrali[1]: "*Disturbo Neurocognitivo Maggiore, probabilmente dovuto a malattia vascolare, con alterazione comportamentale*", come viene definita dal DSM 5, il Manuale Diagnostico e Statistico dei Disturbi Mentali.
Le sue manifestazioni sono comunque state pressoché simili a quelle dell'Alzheimer.

Al di là delle definizioni scientifiche, è difficile parlarne, papà.
Perché essa è stata davvero brutta. Perché alcuni momenti che abbiamo vissuto sono stati realmente molto drammatici. Perché soffro ancora tanto, nel ricordarli e nello scriverli.
Perché non c'è nulla di allegro o di leggero, in circostanze come queste.
E allora, il lettore potrebbe spaventarsi e chiudere il libro anche solo dopo poche pagine, di fronte alla descrizione di sintomi, comportamenti, situazioni, emozioni così forti. Oppure potrebbe annoiarsi o non comprendere, se utilizzo termini medico-scientifici.
In realtà, io non intendo spaventare né annoiare nessuno.
Ciò che voglio, è soltanto raccontare la tua storia, vera.
Perché a mio avviso solo così, si può far capire fino in fondo l'entità del problema.

---

1   riduzione di apporto di sangue al cervello

Purtroppo, al mondo ci sono attualmente 47 milioni di soggetti affetti da Demenza, una cifra allarmante che oltretutto, a causa dell'allungamento della vita media, è destinata a crescere sempre di più.
Diventa allora di fondamentale importanza una testimonianza diretta della malattia da parte di chi l'ha vissuta da vicino.
Intanto, perché far conoscere ciò che anche solo all'idea spaventa, può aiutare a gestire e prevenire persino le situazioni più drammatiche.
Poi, perché i manuali, i trattati e gli articoli scientifici sul tema, vengono di solito consultati e compresi più che altro dagli esperti del settore e, in ogni caso, non evidenziano quasi mai alcuni importanti risvolti, che ritengo invece siano fondamentali, da sottolineare e far sapere a più persone possibili.
Infine, anche perché, sebbene ultimamente se ne parli un po› di più, si leggano qua e là statistiche sulla diffusione o si faccia cenno alle difficoltà incontrate dalle famiglie dei pazienti, a mio avviso ciò che emerge rimane sempre come in superficie, incompleto, privo cioè dell'essenza di quello che la patologia realmente è.
Anche nel pensiero comune, essendo un Disturbo che insorge principalmente in tarda età, l'ammalato di Demenza/Alzheimer viene considerato troppo spesso soltanto come un *"vecchietto un po' rallentato e smemorato"*.
È molto diffusa infatti l'opinione che si tratti di una normale evoluzione, per cui, chi ne è affetto, invecchiando ha perso un po' la memoria, non ricorda più i nomi o le cose da fare, è poco reattivo e diventa sempre più sbadato, distratto, apatico. Aspetti che, tutto sommato, appaiono alla fine anche simpatici e teneri. A volte si sorride e si scherza persino, sul *"vecchietto smemorato e un po' stordito"*.
Ma ciò, porta a non vedere e capire davvero cosa ci sia dietro a tutto questo.
A sottovalutare il problema e a non essere pronti, nel ma-

laugurato caso ci si dovesse un giorno trovare ad affrontare la stessa situazione.

A non comprendere che l'anziano che non ricorda più, che magari abbiamo incrociato per strada, mentre si aggirava confuso, smarrito, solo, che abbiamo guardato senza attenzione, di sfuggita o scansandolo a volte frettolosamente o con fastidio, non era così soltanto perché è vecchio.

Era invece una persona con una malattia neurodegenerativa molto grave, invalidante ed irreversibile, che colpisce il cervello e che, a poco a poco, gli danneggia le cellule nervose, i neuroni.

Gli deteriora le funzioni percettive e cognitive, con l'insorgenza di disturbi e sintomi dai nomi scientifici, quali Amnesia, Disorientamento Spazio-Temporale, Deficit Intellettivi, dell'Apprendimento, dell'Attenzione e del Linguaggio, Anomia, Agnosia, Prosopagnosia, Aprassia, Agrafia, Acalculia, che citerò nel racconto della tua storia papà e di cui, per renderli comprensibili a tutti, riporto alla fine del mio scritto una legenda.

Termini forse troppo tecnici, difficili da pronunciare, oscuri o che spaventano, ma che, in definitiva, si riferiscono alle cose della vita di tutti i giorni che il paziente, a causa della malattia, non riesce più a fare.

Il vecchietto smemorato è quindi una persona a cui sono stati portati via i ricordi, di sé stesso, della propria storia, dei propri cari.

È un essere umano che non riesce più a capire né a parlare correttamente; non sa più che giorno sia, dove si trovi né come tornare a casa; non è più in grado neanche di svolgere azioni semplici o chissà quante volte ripetute, come farsi la barba o prepararsi un caffè; non controlla più i pensieri; presenta alterazioni dell'umore e del comportamento, quali l'aggressività ed il vagabondaggio; fa quindi cose improvvise, imprevedibili, non consone, come ad esempio uscire di casa in pigiama ed in piena notte; può diventare violento, anche nei confronti delle persone care.

Va quindi controllato a vista, perché non è più in grado di badare a sé stesso. Di giorno, di notte, sempre, perché tanto, per lui, non c'è differenza.
Richiede di conseguenza una dedizione assoluta e continua, prendendosi così, a poco a poco, le risorse e la vita dei familiari che lo assistono, perché questo costa e molto, a livello economico, sociale, fisico, cognitivo ed emotivo.
Per tali ragioni, è un individuo che ha parenti stanchi, dispiaciuti, smarriti, preoccupati, spaventati, perché non sanno come gestirlo né possono curarlo, visto che, al momento, non esistono terapie in grado di arrestare e debellare il male.
Familiari addolorati, perché la malattia, anche se è ancora vivo, se lo è portato via.
E quindi, la persona che fino a quel momento conoscevano, colui che aveva vissuto, studiato, lavorato, costruito, che era responsabile di sé e degli altri, che condivideva con loro la quotidianità, li vedeva, li ascoltava e, talora, era loro di aiuto, ad un certo punto sembra non esistere più.
Ma non perché sia morto: così sarebbe più naturale elaborare la perdita e, prima o poi, accettare.
Fisicamente è rimasto qui. Ma si è sgretolato e trasformato. In un'altra persona.
Anzi, in un essere vivente con cui non si sa come comunicare, perché parla una lingua incomprensibile, non capisce, non apprende e non collabora.
Non comprende più se stiamo bene, male, se siamo stanchi, tristi o se abbiamo dei problemi.
Non può fare e dare più nulla.
E da solo, proprio, non ce la fa.
Ha bisogno di aiuto, anche se non è più in grado di chiederlo.
Ha familiari bisognosi di aiuto, anche se molto spesso non lo chiedono, per dignità, orgoglio, pudore, vergogna, per salvaguardare l'ammalato o come se fosse una colpa, vi-

vere un simile dramma.
Aiuto che potrebbe essere anche solo un po' più di attenzione e di ascolto, un sorriso, una parola di conforto, un'ora del nostro tempo.

Parenti che magari sono seriamente in difficoltà, perché anziani, a propria volta ammalati o con problemi economici, per cui non possono far fronte a tutto quello che comporta l'assistenza, come ad esempio ricorrere all'ausilio delle badanti o ad un ricovero in una Residenza Sanitaria Assistenziale, l'RSA.

All'esterno, molto spesso, tutti questi aspetti non si sanno o non si colgono.

Allora, a mio avviso, per aiutare gli ammalati e le loro famiglie, è importante che chi sa, ne parli.

Che spieghi quello che davvero succede, cosa si vive, ciò di cui si avrebbe effettivamente bisogno.

Le difficoltà pratiche e molto serie legate all'assistenza ma anche altri importanti risvolti, tra cui quello accennato prima, che ritengo essere tra i più essenziali, complessi e dolorosi.

Il fatto cioè che il proprio caro, a volte progressivamente, altre invece in maniera improvvisa ed inaspettata, ad un certo punto si sgretoli e non sembri più lui.

È un aspetto che la scienza non ha ancora colto né classificato, che sfugge ad un osservatore esterno e che, spesso, non percepiscono o non tengono nella debita considerazione neanche gli operatori del settore. Perché loro, in definitiva, vedono solo l'ammalato.

Ed invece, oltre che nelle difficoltà legate alla gestione del paziente, credo che l'essenza della patologia sia da ricercarsi anche nel fatto che esista un "prima" ed un "dopo".

Per quanto ti riguarda, ad esempio, è stata dura anche per me, riconoscere, affrontare e sforzarmi di accettare la trasformazione che, a causa della malattia, hai subito, papà.

Soprattutto nelle fasi iniziali, quando, da ciò che facevi e dicevi, ho iniziato ad accorgermi che stavi perdendo colpi

e che, a poco a poco, non sembravi più tu.
Tu, il papà che ha viaggiato tantissimo, che oltre all'italiano parlava correntemente cinque lingue, che si preoccupava ad esempio delle tasse in maniera talmente scrupolosa, che definire ossessiva è usare un eufemismo.
«...*Perché poi son rogne!!*».
Non sai quante volte ti ho sentito pronunciare questa frase, papà.
Le spese e le tasse, a prescindere, andavano pagate, a volte anche ripagate (talvolta sono in seguito arrivati dei rimborsi) e la tua ansia, rispetto a questo, raggiungeva livelli esponenziali.
Io, la mamma e i miei fratelli ci scocciavamo e sbuffavamo.
Abbiamo discusso parecchio, io e te, papà, per diversi motivi ed anche perché, per tanto tempo, ti sei occupato di gestire le mie questioni fiscali, facendo da intermediario tra me ed il commercialista.
A volte, io ti trovavo veramente pesante; mi sembravi esagerato e tendente ad ingigantire cose di poco conto. Forse, in parte lo eri. Ma quando hai incominciato a non essere più così lucido, ordinato, metodico, rigoroso, scrupoloso e preciso, quando nella tua testa tutto ha iniziato a confondersi ed a sovrapporsi, quando mi sono accorta che stavi facendo un gran minestrone, mischiando questioni, pratiche, tempi, scadenze ed ho dovuto portarti via ciò che mi riguardava, per occuparmene esclusivamente io, allora è stato terribile, papà.
Ricordo molto bene il giorno in cui ho messo mano alle cartelle, tutte minuziosamente catalogate ed archiviate, che riguardavano le mie pratiche.
E tu, passivo, mi hai lasciato fare, anzi, sembravi quasi sollevato, perché all'esordio del tuo male, anche se non dicevi nulla, eri consapevole della fatica che ti costava dedicarti a ciò che avevi sempre svolto con facilità.
Soltanto qualche tempo prima, mi avresti sbranata, per-

ché i tuoi documenti non si potevano toccare, altrimenti, secondo te, si creava confusione.
Avevo il magone, quel giorno.
Ho capito che niente sarebbe stato più come prima, che si chiudeva una fase e che tu, non eri più tu.
Ti stavo perdendo.
Allora, se prima ciò che eri stato e che avevi realizzato per me mi infastidiva, da quel momento in poi mi è apparso come qualcosa di estremamente prezioso. Un dono, che la vita non mi avrebbe più fatto.
Forse è successo anche ad altri, ma non sai quante volte, soprattutto nelle prime fasi della malattia, avrei dato qualsiasi cosa per tornare a "prima". Per poter, ad esempio, discutere ancora una volta con te, per le tasse. Per riavere il mio regalo. Per riaverti qui.
Spesso, mi sono chiesta smarrita: «Ma dove cavolo sei finito?», per rendermi conto che al momento non c'era una risposta, che, per come ti conoscevo, non saresti più tornato e che ciò era quello che dovevo accettare.
Ecco.
Tutto questo, raccontando la tua storia, voglio allora condividere con i lettori.
Sebbene possa magari spaventare o sembrare a qualcuno troppo pesante, triste, ansiogeno.
Più avanti riprenderò a parlare della patologia, approfondendola dal punto di vista scientifico, evidenziando le ultime conoscenze sulle cause, sulla prevenzione e soffermandomi sull'aspetto già menzionato prima, che ritengo essere tra i più problematici, ovvero l'assistenza al paziente.
Ma adesso, lascio spazio al racconto della tua storia.
Al tuo percorso, che, sebbene a tratti così drammatico, alla fine è pur sempre stato il tuo, papà.
Anche perché ora che non sei più qui fisicamente, che non sono più "in trincea" nella necessità di accudirti, che ho piano piano recuperato una dimensione "normale", pren-

dendo progressivamente le distanze da tutto ciò che ha comportato, colgo chiaramente quanto anche la tua malattia rientri, in questo percorso.

Come abbia avuto un'origine, un significato e, probabilmente, persino un'utilità.

È in ogni caso venuta da qualche parte e, secondo me, da molto lontano.

Ed anche se al momento non me ne rendevo conto, è stata sempre e comunque un'espressione di te.

È vero, eri cambiato. Ma non te ne eri andato. Eri solo diventato quello che la vita ti ha fatto diventare.

E allora: da dove è incominciata tutta la tua storia?

IL BAMBINO CHE ERI

«*Oh, guarda!*», ti dico indicando il muro giallo chiaro ed assolato dell'edificio che abbiamo di fronte, «*Hai visto, c'è una lucertola!*».
«*Sì*», mi rispondi deciso e con la massima tranquillità «*L'unica è tirare un sasso, tanto la mamma non vede!*».
«*Un sasso? Ma!! Non si fanno queste cose! Birbante!*» commento.
È il 2013.
Siamo all'esterno della prima delle RSA in cui, da qualche mese, ti abbiamo dovuto ricoverare.

Per la precisione, nel giardino del Nucleo Protetto, il reparto nel quale tu ed i tuoi compagni di sventura, data la gravità del vostro quadro clinico, siete stati inseriti.
La struttura è a Milano, vicino a casa tua e della mamma. È molto bella e concepita secondo criteri funzionali ed all'avanguardia.
Il Nucleo Protetto è a pianterreno. Per motivi di sicurezza, dato che tu e gli altri siete disorientati spazio-temporalmente e tendete al vagabondaggio, vi si accede dall'interno e si esce nel giardino privato passando da due porte, che si aprono digitando dei codici, noti soltanto al personale sanitario.
Il giardino del Nucleo, nel quale ci troviamo in questo momento, è circolare. Di fronte alla porta da cui vi si arriva ci sono alcuni vecchi edifici, mentre, a sinistra e a destra, due reti metalliche si affacciano su aree verdi, adiacenti rispettivamente all'ingresso principale della RSA e ad un altro lato di essa, dove ci sono un grande albero ed un orto, coltivato dai ragazzi che vivono nella RSD (Residenza Sanitaria Disabili), sita nella stessa struttura.
Siepi di piante e fiori delimitano il giardino; due panchine sono poste a semicerchio; nel mezzo, c'è uno spiazzo asfaltato ed un gazebo, con tavoli e sedie gialli.
In questo momento, io e te siamo di fronte alla parete del-

la RSA al cui centro c'è la porta che dal Nucleo conduce al giardino privato e viceversa.

Tu sei sulla sedia a rotelle, papà, perché poco più di un mese fa hai avuto una delle tue ischemie cerebrali; a causa di ciò, al momento non riesci né a camminare né a muovere un braccio.

L'ideazione ed il linguaggio, sebbene non adeguati, non sono ancora, come succederà più avanti, completamente incomprensibili.

Io sono in una fase in cui sento ancora molto male, dentro, per ciò che fai e che dici. Per quello che sono diventati il tuo cervello e la tua vita. In questo momento, ancora respingo la situazione e faccio dei tentativi per cercare di riancorarti alla realtà; ad esempio, ho pensato che forse, visto che sei nato e cresciuto in campagna, osservando la natura tu possa riconnetterti al presente, al contesto, a te stesso ed a noi.

Per questo, cerco di orientare la tua attenzione sulle piante, sui fiori e sugli animali. E adesso, ti ho fatto notare una lucertola, che se ne sta sul muro a scaldarsi al sole di un settembre milanese.

Tu mi rispondi pensando a chissà che cosa ed essendo chissà chi.

Di certo non sei papà, all'età di 85 anni, qui, in questo cortile circolare, di fronte alla struttura in cui sei ricoverato, sulla sedia a rotelle e mentre stai parlando con me, Paola, tua figlia.

Forse quello che hai detto ti è venuto spontaneo e non significa nulla.

Sono solo brandelli di pensieri, concetti, idee, ricordi, che si mescolano a caso per il malfunzionamento dei tuoi neuroni.

Oppure, molto più probabilmente, come ho già avuto l'impressione che sia accaduto anche in altre occasioni, lo stimolo esterno, questa volta rappresentato da una lucertola, ha riattivato un preciso ricordo, di situazioni, pensie-

ri e gesti a te familiari, che provengono dal passato.
Nomini la mamma....
Forse, in questo momento, sei il bambino che eri.
Ed anche se mi sento morire dentro, io ti rimprovero, parlandoti ancora una volta proprio come si farebbe ad un bambino.
Ti dico *"Birbante!"*.
Perché mi sa che, da piccolo, tu un po' lo fossi davvero.
Chissà quante volte hai tirato sassi alle lucertole...

ORIGINI

Sei venuto al mondo nel 1928 a Marcallo con Casone, un paese della Lombardia, in provincia di Milano e vicino a Magenta. In una fredda mattina di gennaio.
Ti hanno chiamato Augusto Enrico ma il secondo nome compariva solo sui documenti: per tutti, sei sempre stato *"l'Augusto"*.
Sei nato in casa, perché a quell'epoca non si usava partorire in ospedale.
Del resto, la tua mamma, di fine '800 e morta centenaria, è stata per la prima volta ricoverata in un ospedale a novant'anni.
La mia cara nonna Giuditta... il ricordo che ho di lei, è quello di un personaggio uscito da un romanzo storico, ambientato in un'epoca che non esiste più.
Alta, magra, con i capelli bianchi raccolti a crocchia, sulla nuca; il vestito della festa con la gonna lunga, in fresco lana marrone; al dito, la fede, spessa e d'oro, come l'orologio che metteva al polso nelle grandi occasioni e la catenina, che portava al collo, con una miniatura in ceramica incorniciata, raffigurante una persona cara, prematuramente scomparsa.
Con quel suo sorriso un po' enigmatico e quella sua modalità di raccontare gli eventi come se si trattasse sempre di vicende fantastiche.
Aveva una tendenza a descrivere le situazioni in modo vivido, la nonna. Creava suspense e pathos. Sarebbe potuta diventare una brava scrittrice. O una grande attrice.
Anche perché, secondo me, recitava sempre, un po'. Quello che davvero provava, restava dentro di lei.
Aveva naturalmente un'espressione seria, compunta. Un cipiglio che denotava forza ed orgoglio. Anche superbia, forse.
Sorrideva, quando parlava con gli altri. Ma a mio avviso, lo faceva sforzandosi e non era mai serena.

Non ha avuto una vita semplice.
Cinque figli, una tragedia familiare, due guerre mondiali vissute con le difficoltà che riguardavano tutti.
A volte - mi raccontava - non sapeva cosa avrebbe dato da mangiare alla famiglia, per cena.
Poi però, succedeva sempre qualcosa che le era d'aiuto e che lei, da cattolica fervente e praticante, descriveva come un evento miracoloso, attribuendolo certo alla Divina Provvidenza.
Nonostante la vita grama che deve aver vissuto, soprattutto durante gli anni della guerra, da cui avrebbe potuto rimanere segnata ed indebolita, quando le si chiedeva «*Come va?*», rispondeva in dialetto milanese, anche se conosceva l'italiano «*Semper ben!*» («*Sempre bene!*»).
Forse, dopo tutto quello che aveva passato, arrivata alla vecchiaia non c'era più nulla che avrebbe potuto scalfirla. Oppure, aveva imparato a difendersi in questo modo, negando il dolore, le difficoltà e le brutture della vita. Vedendo soltanto il bello ed il positivo delle situazioni. O almeno, così appariva all'esterno.
Ricordo che quando è stata ricoverata a novant'anni e per la prima volta in ospedale, per essere operata di un carcinoma allo stomaco, descriveva questa esperienza come se si fosse trattato di una vacanza.
Un giorno che ero andata a trovarla, mi aveva raccontato: «*L'è vegnu un dutur!! Inscì bel!! Inscì fin!!*» («*È venuto un dottore! Così bello!! Così fine!!*»).
Magari, per la situazione nuova sarà stata in parte anche incuriosita e rapita dal contesto che non conosceva, dal fascino del camice bianco e dai modi rispettosi e gentili con cui tutti, data l'età, la trattavano.
Ma in realtà, penso piuttosto che quello della nonna sia stato in buona parte l'ennesimo sforzo di adattamento ad un'avversità della vita, ad una situazione non voluta e difficile.
Immagino che, in quella circostanza, come tutti, avrà sen-

tito dolore ed avvertito i fastidi propri di una fase postoperatoria; che inoltre per lei, nata a fine '800 e per natura così schiva, riservata e pudica, l'essere da estranei visitata, esaminata, accudita e, in definitiva, violata nella propria intimità, debba essere stato fonte di estremo imbarazzo e vergogna.
Ma tant'è. Agli occhi degli altri tutto ciò non doveva apparire.
Doveva esserci solo "il bello".

La mamma racconta spesso un episodio in cui, una volta, vedendo parcheggiata davanti al portone di una casa un'autoambulanza ed avendo spiegato a mio fratello Stefano, allora bambino, di cosa si trattasse, è stata ripresa dalla nonna, in quel momento presente, la quale ha tagliato corto borbottando: «*Dighel no 'sti robb chi!!*» («*Non dirgli queste cose!*»).

Era però molto curiosa e avida di sapere. Le novità l'appassionavano. Raccontava che durante la guerra e con i figli piccoli, leggeva, di notte. Mi sembra di vederla mentre, dopo essersi dedicata alle incombenze domestiche ed aver con enormi sacrifici sfamato e garantito la sopravvivenza di tutti, se ne stava lì, con le persiane chiuse, nel buio e nel silenzio della casa, seduta su una sedia e con il capo chino sul libro, finchè non si consumava del tutto la candela, accesa per non disturbare il sonno degli altri, alla fioca luce di cui si ritagliava a fatica un piccolo e prezioso spazio per sé.

Diceva spesso che voleva vedere il 2000: e ci è riuscita!
Anche se da tempo non più lucida, è morta centenaria agli inizi di quell'anno.
Eravate gente forte, voi.
Anche il tuo papà lo era. Il nonno Felice. Così mite, buono e bello.
Durante la Prima Guerra Mondiale aveva combattuto ed era anche stato colpito da schegge di granata, evento che, fortunatamente, non è stato fatale.

Quando mi salutava, diceva sempre «*Fa' la brava eh!*».
Con lui la nonna non era molto tenera. Era lei che comandava, in casa, anche perché il nonno, avendo lavorato per molto tempo a Milano, era quasi sempre assente.
Mi risuona ancora la voce di lei quando, magari anche per una sciocchezza, lo riprendeva dicendo: «*'Dem Felice!*» («*Andiamo, Felice!*»).
Se sento il profumo del basilico, i ricordi mi riconducono al nonno, a quelle giornate estive in cui, da bambini, tu papà ci portavi a Marcallo e lui, fin dalla mattina presto, allineava su un vecchio tavolo di legno i mazzetti di verdura e di aromi raccolti nell'orto.
Come erano belli quei momenti! Sapevano di vacanza, di estate e di sole. Tu, allora, eri sano e forte. E la tua presenza, insieme a quella della mamma, di Stefano e di Alessandro, in queste assolate e pigre giornate trascorse in famiglia, mi faceva sentire sicura e protetta.
Il giardino di Marcallo, dove c'era l'orto, era bello davvero, quando ci andavamo noi.
Forse, quando eri bambino tu, lo era molto di più.
C'era un portico, con alcune biciclette, il tavolo e gli utensili del nonno, l'orto ed un pergolato, ricoperto di vite, sotto il quale c'era un lavatoio in pietra ed alla cui ombra, nelle giornate estive o, spesso, per festeggiare il Ferragosto, ci radunavamo con i nonni e gli zii, prima per pranzare e, poi, per tagliare l'anguria.
C'era anche un bagno, piccolo, stretto, spoglio, spartano, che a me piaceva in modo particolare.
Sapeva di calce, di vernice, di antico e di storia.
La nonna, calcando a suo modo sempre un po' la mano, descriveva il giardino originario come se fosse stato il luogo più bello del mondo. Diceva: «*Gh'eran su i sansuritt, i pomm grand inscì, i fiur!*» («C'erano le nespole, le mele grosse così, i fiori!»).
Raccontava di un prete del paese che la conosceva fin da bambina, il quale, una volta, andando a trovarla dopo il

matrimonio e vedendo il giardino, avrebbe esclamato: «*Te s'è chi in Paradis!!*» («*Sei qui in Paradiso!*»).
La casa era costituita da diversi locali ma, per voi, era rappresentata probabilmente soltanto da una stanza, che tu, i nonni, gli zii, anticipando il moderno concetto di *"living"*, chiamavate proprio così, *"la casa"* e che fungeva da salotto, tinello, sala da pranzo. Un enorme tavolo rettangolare era posto al centro, mentre, alle pareti laterali, c'erano due buffet, uno, con vetrinetta, che custodiva servizi di piatti e bicchieri, l'altro, più basso, con appoggiati un grande specchio ed una cornice, con la stessa fotografia della persona prematuramente scomparsa che, in miniatura, la nonna portava al collo.
Come hanno raccontato alcuni tuoi parenti, il giardino, quando eri bambino tu, era molto più esteso di quando ci venivo io.
E chissà quanto ci hai giocato, papà!
Allora, eravate in quattro, una femmina ed un maschio prima di te, tu e poi un altro fratello. L'ultimo, il quinto figlio dei nonni, è arrivato tempo dopo.
Immagino che foste molto vivaci, almeno voi maschi.
Che vi trovaste insieme agli altri parenti e bambini del paese; che trascorreste molto tempo all'aperto, dedicandovi a giochi, divertimenti e passatempi consentiti dalle circostanze e da quello che avevate a disposizione.
Magari tirando sassi alle lucertole…
Fabbricavate forse canne da pesca, fionde, fucili giocattolo o altri strumenti, utilizzando rami secchi o ciò che trovavate nei prati e nelle campagne circostanti. Oppure, per rubare la frutta, vi arrampicavate sugli alberi e sui muri di cinta delle case. O ancora, vi sfidavate attraverso stupide gare di "coraggio", magari molto pericolose o crudeli.
Raccontavi che facevate il bagno nei canali: ce n'era uno che scorreva proprio dietro alla casa.
Da ragazzi andavate al Ticino, il fiume più vicino a voi. Facevate anche le gare di nuoto.

Immagino che fossi bravo e che vincessi spesso.
Lo sport ti piaceva e, di uno sportivo, avevi anche il fisico.
Hai ereditato la bellezza del nonno e la forza fisica di entrambi i tuoi genitori, accresciuta grazie all'attività fisica che praticavi. Percorrevi chilometri a piedi o in bicicletta. Nuotavi. Giocavi a tennis. Spesso andavi in montagna, perché ti piaceva sciare. Una volta, ti sei fratturato una gamba e, raccontavi, dallo spavento e dal periodo di immobilità che ne è seguito sono derivati i capelli bianchi spuntati prematuramente, quelli con i quali io, poi, ti ho sempre visto.

In seguito alla tua morte fisica, ho chiesto ad alcuni parenti un ricordo di te ed un tuo cugino, dopo un attimo di silenzio, ha risposto: «*L'era un bel giuinott!*» («*Era un bel giovanotto!*»).

Eri bello davvero, papà.

Come si può vedere dalla foto in copertina, avevi un viso squadrato, lineamenti regolari, occhi grandi e marroni.

Non eri molto alto ma ben proporzionato, con gambe forti, torace ampio e spalle larghe.

Avevi una bellissima voce, calda, profonda e cantavi anche molto bene. Qualche volta mi hai raccontato che uno zio ti aveva insegnato a suonare il violino.

Il tuo fascino, anche se non ne parlavi mai, deve aver mietuto molte vittime.

Ogni tanto, anche perché hai viaggiato parecchio per lavoro e ti sei sposato intorno ai quarant'anni, dai tuoi racconti saltava fuori qualche amica, sparsa qua e là per il mondo.

Il giorno del tuo funerale, ha chiamato a casa della mamma una signora, dalla Sardegna, che credo avesse più o meno la tua età; ha detto di aver letto il necrologio sul giornale e di averti conosciuto alle Scuole Superiori; ha aggiunto che le davi ripetizioni di inglese, che eri portato per le lingue, mentre lei non lo era affatto e che ti ricordava perché eri una bella persona. Un'immagine d'altri tempi: il bel giovanotto, gentile ed altruista, di cui ci si ricorda anche a distanza di anni.

A causa del Diabete, da cui eri affetto, quando eri più o meno sulla cinquantina hai iniziato a dimagrire parecchio.

Dopo che è sopraggiunta la malattia degli ultimi anni, con le ischemie cerebrali, i deficit motori, il decadimento cognitivo e tutto ciò che di tremendo ne è conseguito, il tuo aspetto fisico è notevolmente peggiorato.

Eri scheletrico, il viso smunto e l'espressione smarrita, gli occhi vacui, i capelli radi e la barba a volte non ancora fatta, la difficoltà a camminare, a mangiare senza macchiarti, a non sporcarti, a causa dell'incontinenza per cui, nonostante il pannolone, talora andavi cambiato.

Eri veramente orribile, papà ed irriconoscibile, per noi che ti avevamo visto prima.

Eppure, il tuo fascino non era venuto meno. Quando succedeva ne restavo molto stupita ma più volte, soprattutto nella prima delle due RSA in cui sei stato ricoverato, ho sentito donne di diverse età fare commenti sul tuo essere bello ed affascinante.

Forse era perché, nonostante le difficoltà di deambulazione, avevi il cipiglio della nonna ed eri dritto, snello, asciutto, con un portamento ed un aspetto generale distinto e signorile. Oppure perché la mamma, come accadeva prima che ti ammalassi, teneva che tu fossi comunque sempre ben vestito. O forse, il fascino era dovuto al fatto che, data la confusione causata dalla malattia e la tua conoscenza delle lingue, a volte non parlavi in italiano.

In alcune giornate, ad esempio, non c'era verso di farti dire una parola che non fosse in francese, lingua che conoscevi alla perfezione dal momento che, per diversi anni, hai lavorato in Svizzera ed in Francia. Altre volte, rispondevi in spagnolo ad alcuni degli operatori sanitari che erano sudamericani o, ancora, pronunciavi qualche parola in tedesco.

Questo fatto, se per qualcuno poteva essere affascinante,

per me continua a rappresentare uno dei tanti misteri legati alla tua malattia.

Perché, se in italiano ormai il pensiero ed il linguaggio erano compromessi, ciò non accadeva ad esempio con il francese, visto che pronunciavi parole corrette e costruivi anche frasi di senso compiuto, in questa lingua.

Ritornando alla tua infanzia...
Non ho mai visto fotografie di te da piccolo, papà, ma penso che fossi un gran bel bambino: robusto, forte, con un colorito sano, intelligente, sveglio, curioso e molto vivace.
Una volta, mentre erano in corso dei lavori di ristrutturazione alla casa di Marcallo, sei caduto in una vasca che conteneva calce viva. Non so come abbiano fatto a tirarti fuori e come tu possa essere sopravvissuto.
Molto più avanti, quando già c'eravamo noi figli, una volta che avevo concluso la scuola e che erano per me iniziate le vacanze estive, hai intonato questa canzone da monello: *"Incoò l'è l'ultim dì, duman l'è la partensa, ciao maestra, pensa, a scuola vegni pu!"* (*"Oggi è l'ultimo giorno, domani è la partenza, ciao maestra, pensa, a scuola non vengo più!"*).
Io ti ho chiesto: «*Ma che canzone stupida è?*».
E tu mi hai risposto: «*Noi ci divertivamo con poco...*».
Lo immagino, papà.

PRENDI IL VOLO

Erano gli anni a cavallo tra le due guerre mondiali. C'era ovunque povertà e desolazione. Mancavano i mezzi. Ed anche il cibo.
Non so se tu abbia proprio sofferto la fame, perché comunque vivevi in campagna e potevi consumare i prodotti della terra.
Però eravate in tanti, in famiglia. E quello che c'era, andava diviso tra tutti. Allora, come dicevo, in casa eravate tre figli maschi più il nonno. Immagino che aveste comunque sempre fame.
E questa sensazione, soprattutto di mancanza del "pane", a te è rimasta addosso. Anche dopo. Lo hai sempre divorato, il pane ed avevi costantemente bisogno di mangiare.
Mi ricordo quando ero bambina e verso sera tornavi a casa dal lavoro. Prima di cenare, chiedevi alla mamma: «*Si può fare una boccata?*».
Anche la nonna Giuditta conosceva bene queste tue abitudini. Così, quando andavamo a Marcallo, magari al sabato pomeriggio, ti faceva trovare sempre del pane fresco ed una salamella che, dopo aver cotto, lasciava sopra il frigorifero, in un piatto che non si preoccupava minimamente di coprire.
Del resto, vi ha cresciuto tutti belli sani e lei è campata cent'anni, quindi, questa usanza di non conservare il cibo adeguatamente non deve avervi nuociuto, anzi, probabilmente vi ha rafforzato le difese immunitarie.
Quando eri bambino, però, la nonna faceva davvero fatica a sfamarvi tutti.
Ma la necessità aguzzava l'ingegno. E la fantasia, soprattutto per una persona che, come lei, ne aveva secondo me in abbondanza. Inoltre, agli occhi degli altri, bisognava comunque sempre mantenere una dignità. Così, a volte, la tua mamma andava dai vicini, raccontando che uno di voi si era fatto male e chiedendo gentilmente un po' di lardo,

allora molto prezioso ed usato anche come medicamento. In realtà, voi stavate benissimo ed il lardo, davvero, serviva per dare sostanza ed insaporire la solita minestra.

Deve essere stato terribile per te, papà, quando, a causa del Diabete, hai dovuto drasticamente ridurre il consumo di pane. Infatti, insieme ai dolci, lo mangiavi di nascosto. Da piccolo però eri sano ed immagino che divorassi tutto ciò che potevi.

Come scrivevo, erano tempi in cui non c'era molto, anche per divertirsi.

I bambini a quell'epoca non erano certo viziati. Venivano sgridati e puniti, a volte soltanto per il fatto di essere giovani, curiosi, vivaci, pieni di vita. Erano spesso repressi, infarciti di sensi di colpa, anche se non facevano proprio niente di male e la nonna, dovendo occuparsi di tutti voi tra gli stenti generali, non era certo tenera. Chissà quanti ceffoni ti avrà dato.

I bambini avevano solo doveri, come accontentarsi dell'essenziale, quando c'era, o, se mancava, farne a meno del tutto. Ubbidire ai genitori e rispettare gli adulti, a prescindere, essere timorati di Dio, rigare dritto e crescere, in fretta.

Tu, come la tua mamma, eri avido di sapere. Ti piaceva studiare. Fosse stato per te, avresti fatto lo studioso a vita. A scuola, devi esser stato molto bravo.

La nonna, con orgoglio, raccontava di una volta in cui, in paese, avevi vinto un premio per un tuo tema.

Non so cosa tu possa avere scritto, ma il titolo del componimento, per cui era stata indetta questa sorta di concorso, era *"Credere, Obbedire, Combattere"*, di stampo chiaramente fascista, come del resto era inevitabile, essendo in quegli anni la politica, la società e la cultura italiana caratterizzate dall'egemonia assoluta di tale Regime.

Non credo che ne capissi il senso o che avessi una tua opinione, in merito. Eri ancora troppo giovane per avere un'idea politica e, dovendo ubbidire a quello che gli adul-

ti decidevano per te, ti adeguavi.
Mi sembra che per un po' tu abbia fatto anche il chierichetto.
A quattordici anni hai iniziato a fumare e, da quel momento, la sigaretta non ti ha più abbandonato, fino a quando ti abbiamo ricoverato in RSA e te ne sei dimenticato.
Alla stessa età hai incominciato anche a lavorare. Venivi in treno da Marcallo a Milano, dapprima insieme al nonno Felice e in seguito con tua sorella, la zia Alberta, che aveva a propria volta trovato lavoro in città.
Ben presto, vi siete trasferiti tutti a Milano.
E tu, nel giro di pochi anni, hai preso il volo.
Hai sempre studiato e lavorato. Avevi bisogno di conoscere. Ti sei quindi diplomato in Ragioneria ed hai appreso, in parte a scuola, in parte da autodidatta, in parte credo attraverso i corsi che hai frequentato grazie all'azienda in cui hai iniziato presto a lavorare, diverse lingue straniere, ovvero il francese, l'inglese, il tedesco, lo spagnolo ed il portoghese. Ad un certo punto, quando c'eravamo già noi figli, avevi iniziato a studiare anche il russo.
Non so perché avessi questa inclinazione per le lingue: se si sia trattato di interesse o di necessità, per gli studi che hai effettuato o per le attività lavorative che hai svolto.
So che era una cosa naturale per te, un'attitudine che ti caratterizzava in modo molto marcato.
Per me, tu sei sempre stato il papà che sapeva le lingue. E io, ora, un po' mi sento in colpa, perché non sono come te. Conosco a malapena l'inglese, quando invece, almeno questa lingua, dovrei saperla e parlarla da dio, visto che me l'hai insegnata tu, ancora prima che andassi alle elementari.
Per i bambini di adesso ciò è assolutamente normale, dal momento che esistono persino Asili Nido internazionali, dove c'è la possibilità di parlare più lingue contemporaneamente. Ma negli anni '70, quando ero piccola, si trattava di una rarità. Io però ero fortunata ed in inglese, grazie

a te, a cinque anni sapevo già contare ed avevo imparato altri rudimenti. Ricordo una volta in cui aveva telefonato uno degli zii, io avevo preso la cornetta per salutare e tu, per farmi fare un po' di conversazione, mi hai detto: «*Chiedigli: How are you?*» («*Come stai?*»).
Il tuo essere poliglotta faceva parte della quotidianità. Nel tuo parlare corrente pronunciavi parole, frasi o discorsi, in diverse lingue. Ad esempio, non dicevi "*Marrone*" ma, in francese, "*Marron*".
A volte, storpiavi anche le canzoni italiane, traducendo alcuni vocaboli. Mi risuona ancora nelle orecchie la tua voce, quando canticchiavi la canzone "*Parlami d'amore Mariù*" e, arrivato alla frase "*Dimmi che illusione non è*", dicevi, in portoghese, "*Ilusão*".
Recentemente, mentre riordinavo alcune cose, mi è venuto tra le mani un quadernetto. L'ho aperto, non ricordando proprio cosa potesse essere. E vedendone il contenuto, mi si è arrestato per un attimo il respiro. Perché, su quelle pagine, c'eri tu. Con la tua bella grafia, avevi tradotto per me dall'inglese (peraltro molto bene), un articolo di Psicofisiologia, che avevo dovuto studiare per un esame all'Università.
Alcuni anni prima, quando io ed i miei fratelli eravamo adolescenti, un'estate avevi deciso di insegnarci una lingua a testa. Stefano aveva scelto il francese, Alessandro di approfondire l'inglese che studiavamo già a scuola ed io il tedesco. Ma l'esperimento è durato poco, perché eravamo tutti e tre presi dai nostri studi. Io poi, frequentando il Liceo Classico e dovendomi cimentare anche con il greco ed il latino, ero un po' stanca di vocabolari e di versioni.
Per lo stesso motivo, quando si è trattato di scegliere l'Università, benché indecisa alla fine ho scartato una delle opzioni che stavo prendendo in considerazione, ovvero quella di iscrivermi a Lingue Orientali.
Mi sarebbe piaciuto.

Tu, una volta, mi hai detto: «*Studia lingue e, poi, fai la hostess!*».
Ti avessi dato retta, papà. Ora sarei in grado di comunicare con tutti ed avrei potuto, attraverso la professione, viaggiare, realizzando e gratificando quella parte tanto importante di me che ne ha assolutamente bisogno e che ho decisamente ereditato da te.
Tu, invece, l'hai assecondato il tuo naturale bisogno di conoscere il mondo, anche questa un'attitudine particolare, proveniente chissà da dove.
La passione per i viaggi è un aspetto che caratterizza ed accomuna diversi tuoi parenti, forse perché qualche vostro antenato si spostava per lavoro od era proprio stato nomade.
Ma nel tuo caso, a mio avviso, c'era dell'altro.
Hai iniziato a viaggiare giovanissimo e da solo, in tempi in cui non era così facile, come ora.
Una tua cugina (a propria volta viaggiatrice!), di molti anni più giovane di te e che, da bambina, per qualche tempo ha vissuto nella vostra casa di Marcallo, ha raccontato che tu sei stato il primo a parlarle del *"Sole di Mezzanotte"*, ovvero di quel fenomeno astronomico per cui, in prossimità dei circoli polari, a causa dell'asse di rotazione della Terra il Sole non scende mai sotto l'orizzonte e quindi, per diversi giorni o anche per metà dell'anno - la durata varia in base alla latitudine - non cala mai la notte.
Una cosa che a lei, all'epoca, sembrava una favola e della quale, nel paesino in cui siete cresciuti, non dovevano essere in molti a conoscere.
Ma tu eri particolare. Dimostravi un'apertura mentale verso il nuovo ed il diverso inconsueta, non solo per il contesto limitato e privo di stimoli rappresentato dal tuo paese natale, ma anche per l'epoca in cui sei stato giovane, ovvero gli anni '40-'50, durante i quali viaggiavano soltanto le persone benestanti.
E non solo, perché, pensandoci bene, questo tuo interesse

per ciò che era "nuovo, lontano e diverso", contrastava anche con quelli che erano i tratti salienti della tua personalità.

Infatti, almeno per come ti ho conosciuto io, eri schivo, chiuso, attaccato alle tradizioni ed a pochi sicuri riferimenti, rappresentati dalla famiglia, da qualche raro amico, dai luoghi della tua infanzia e, poi, dalla casa tua e della mamma.

Inoltre eri abitudinario, metodico, riflessivo, ossessivo, ansioso e poco incline al cambiamento.

Prima di prendere una decisione o di variare qualcosa nel tuo "status", dovevi pensare, valutare, soppesare, rimuginare all'infinito, prevedere, programmare, avere certezze e garanzie per poterti muovere, cosa che, alla fine, quasi sempre evitavi di fare.

«*Uffa, che barba! È una spesa inutile! Basta sopportare un mese e poi il caldo se ne va!*», dicevi ad esempio, quando la mamma voleva installare il condizionatore a casa vostra.

Tu come i nonni eri una roccia, avvezzo alla fatica ed a sopportare disagi e dolore: eri quindi abituato a "resistere", anche per quanto riguardava le condizioni climatiche e del condizionatore non ne volevi proprio sapere. Alla fine sono riuscita a convincerti io, portando come argomentazione la salvaguardia della salute. Il suddetto elettrodomestico è stato quindi installato, ma a te dava molto fastidio e la mamma non poteva accenderlo liberamente, quando eri in casa.

Oppure, molto prima, nei confronti delle novità che io ed i miei fratelli, da ragazzi, magari ti proponevamo, la tua prima reazione era la difesa, l'opposizione. Dicevi di no e respingevi il nuovo, a meno che non venisse da te, previo però attentissimo ed accuratissimo esame.

La tua tendenza all'"immobilismo" era uno degli aspetti di te che, in assoluto, mi faceva più arrabbiare.

Perché mi soffocava e mi tarpava le ali.

Ma per quanto riguardava i viaggi, sei sempre stato com-

pletamente diverso.
Avevi bisogno di andare in giro, di scoprire posti e gente nuova.
Su questo aspetto, non ho mai riflettuto, fino ad ora. E pensandoci bene, tutto mi riconduce là.
A quell'immenso e devastante dolore, derivato dalla tragedia familiare che aveva colpito te e la tua famiglia d'origine, per poter gestire e sopravvivere al quale, forse, l'unica strada possibile è stata la fuga.
Andare via, lontano, in un posto diverso, nuovo, con modi e linguaggi differenti da quelli propri del contesto in cui era capitato ciò che ti aveva così profondamente segnato.
Rispetto ai viaggi, manifestavi una reattività, una rapidità di decisione, di azione, e, a volte, persino un'impulsività, che erano proprio l'opposto di come quasi sempre eri.
Non so se sia capitato subito dopo l'evento tragico occorso alla vostra famiglia, ma spesso mi hai raccontato di quella volta che, da ragazzo, sei andato in Spagna, a Barcellona e da lì, ad un certo punto, sei stato rimpatriato e riportato in Italia, perché eri rimasto senza soldi.
Tu!!! Per come ti ho conosciuto io, questa è una cosa che davvero pensavo non potesse mai accadere e che se fosse successa ad uno di noi figli, sarebbe senza dubbio stata motivo di rimproveri e punizioni a non finire: andare in giro senza soldi!! Per uno come te, era roba da scapestrati, da superficiali, da irresponsabili, da deficienti!
Eppure, quella volta ti è capitato. Forse, davvero, sei partito in fretta e furia. Senza pensare, programmare ed essere la persona estremamente responsabile, accorta, previdente e cauta che, per molti altri aspetti, eri.
Non so se sia avvenuto sempre nella stessa occasione, ma mi avevi anche raccontato che, una volta arrivato a Barcellona, la prima notte l'avevi trascorsa dormendo su una panchina, in un parco.
«*Poi* - avevi aggiunto - *ho conosciuto una signora...*». Ed il racconto si era interrotto.

Molti anni dopo, quando avevo diciassette/diciotto anni, non ricordo bene come sia avvenuto, ma io e te, una volta, abbiamo deciso di andare a Verona.
«*Sto molto meglio, andiamo!*», mi avevi detto la mattina della data convenuta, riferendoti al gran mal di denti che avevi avuto nei giorni precedenti. Evidentemente, il desiderio di andare in giro deve essere stato più forte del dolore e quindi, sebbene fossi ancora sotto l'effetto di analgesici, hai guidato fino alla città veneta che conoscevi già e che io visitavo invece per la prima volta.
Abbiamo fatto i turisti, quel giorno, vedendo tutto ciò che c'era da vedere ma con calma, come piaceva ad entrambi.
Ed è stata una delle giornate più belle della mia vita.
Dei viaggi, tu sì che ne hai fatto anche una professione.
Ben presto, hai iniziato a lavorare alla Nestlé, divenendo in poco tempo responsabile dell'Ufficio in cui operavi, occupandoti di Import-Export e spostandoti, anche per periodi abbastanza lunghi, in Svizzera ed in Francia.
Ma non solo.
Per diversi anni sei stato anche Accompagnatore Turistico per alcune agenzie di viaggi.
E forse per questa attività, oltre alle lingue straniere, hai approfondito lo studio della letteratura e della storia dell'arte, in particolare italiane. Hai frequentato anche diversi corsi di aggiornamento, tra cui uno all'Università Bocconi di Milano, credo un qualcosa di analogo all'Economia Turistica, una sorta di percorso formativo che potrebbe essere equiparato ad un attuale Master. All'esame conclusivo, hai portato una tesi su Venezia.
Eri colto, papà.
Quand'ero al liceo, avevi scritto per me, rigorosamente a mano, una specie di Manuale di Storia dell'Arte Italiana. Non so più dove sia ma lo devo trovare, perché, ora che non sei più qui, rappresenta un tesoro dal valore inestimabile. Come la guida turistica sintetica che mi avevi preparato la prima volta che sono stata a Roma. Ero

all'ultimo anno di liceo e ti sei preoccupato tu, papà, di prenotarmi il treno e l'albergo, nonché di tracciare questa sorta di itinerario, con le cose principali da vedere.

Per molti anni, in qualità di Accompagnatore, hai portato gruppi di turisti in giro per il mondo.

Ci sono parecchie fotografie, tue, nei posti più svariati, mentre stai svolgendo questa attività.

In alcuni di questi viaggi, a volte portavi tuo fratello minore, lo zio Ambrogio.

Non molto tempo fa, egli ha raccontato di una volta che si è aggregato ad un gruppo che stavi conducendo in gita in montagna; lui, in quanto parente dell'accompagnatore, sul pullman con cui avete intrapreso il viaggio sedeva davanti e, mentre tu parlavi ai gitanti dei luoghi che avreste dovuto visitare, ti ascoltava, tutto orgoglioso del legame che aveva con una persona così brava ed importante.

E come in un film, tu e la mamma vi siete conosciuti durante una crociera.

Lei era nel gruppo che tu accompagnavi, capitata in quell'avventura per caso, credo insieme ad un'amica.

Di dieci anni più giovane di te, era una splendida ragazza e potrei non finire più, nell'elencare le caratteristiche, le doti e le virtù della fantastica persona che sarebbe poi diventata tua moglie e la mia genitrice. Ma mi fermo qui, perché l'interessata non vuole che scriva di lei.

Voi due eravate per molti aspetti diversi, se non per il fatto di essere entrambi tenaci e gran lavoratori, nonché per una marcata tendenza alla severità, alla razionalità ed all'ansietà, che vi accomunava. Sicuramente, c'era poi anche l'importante differenza di età, ad accentuare le distanze. Inoltre, in quel momento, eravate ognuno intento a seguire il proprio percorso. Anche rispetto a quel viaggio, forse tutto vi aspettavate, tranne che potesse andare a finire così.

Ma come cantava John Lennon, *"La vita è ciò che ti succede mentre stai facendo altri progetti".*

E quindi, per quegli strani percorsi e disegni dell'esistenza, che spesso sfuggono alla nostra limitata comprensione di essere umani ma che rappresentano dei passaggi fondamentali in quanto, in un attimo, hanno il potere di farci cambiare rotta, direzione, prospettiva, vita, entrambi vi siete presentati al vostro appuntamento con il destino.
Dopo varie peripezie, esperienze, gioie e dispiaceri, in occasione di quella crociera vi siete incontrati. Conosciuti. Riconosciuti. Non lasciandovi da allora mai più ed iniziando, insieme, un cammino durato quasi 50 anni, fino alla tua morte.
Una volta concluso il viaggio, ben presto vi siete rivisti, fidanzati e sposati. Avete avuto tre figli e tre nipoti.
Avete condiviso difficoltà, problemi, preoccupazioni, faccende quotidiane, momenti tristi e di felicità. Sempre presenti, l'uno per l'altra.
Per questo, il vuoto che hai lasciato da quando te ne sei andato, è ora, per la mamma, incolmabile.
Per quasi mezzo secolo, vi siete appoggiati e sorretti reciprocamente, smussando pian piano le diversità esistenti e finendo per assomigliarvi sempre di più.
Io, ad esempio, scrivendo queste righe mi sto concentrando su di te, papà, ma faccio una certa fatica a pensare a voi due separatamente. Perché per me siete i miei genitori, con le stesse caratteristiche, gli stessi tratti, gli stessi atteggiamenti e comportamenti contro cui a volte mi sono scontrata ma che, crescendo, ho imparato ad apprezzare e, in parte, a fare inevitabilmente miei.
Eravate gente d'altri tempi. Due persone perbene, come non ce ne sono più: seri, forti, onesti, rigorosi, corretti, sobri, educati, riservati, discreti ed umili.
Per alcuni versi, io vi assomiglio; per altri, decisamente no. Essendo tendenzialmente molto più irrazionale, fantasiosa e creativa, a volte ho sofferto molto per la vostra rigidità ed intransigenza, da cui mi sentivo schiacciata e soffocata.

Ma con il vostro modello, mi avete insegnato tanto: a restare con i piedi per terra, ad esempio e a cavarmela da me. Per questo, non finirò mai di ringraziarvi.
Forse, quella volta, doveva proprio andare così.
Dovevate incontrarvi, per iniziare un'altra vita e per generare altre vite.
Dovevate trovarvi, in quel viaggio sul Mediterraneo, durante il quale tu stavi lavorando.
La mamma racconta che quando dovevate sbarcare per una delle tappe previste, tu ti mettevi sul ponte della nave, a prua, scrutando con la tua espressione seria e concentrata l'orizzonte, con l'immancabile sigaretta tra le dita e stringendo al petto una cartelletta che, ne sono sicura, conteneva i tuoi dettagliatissimi appunti riguardanti la storia, l'arte, gli usi ed i costumi del luogo che dovevate visitare.
Poi, ad un certo punto, forse anche perché ormai avevi una famiglia, hai smesso di fare l'accompagnatore turistico.
Quando hai concluso anche la tua attività alla Nestlé, sei stato per una stagione estiva direttore di un villaggio turistico del Touring Club Italiano, in Campania.
In seguito, il tuo stile di vita è diventato più stanziale.

LA TUA SALUTE

Di malattie ne hai avute una serie e siccome sono state parte di te, contribuendo anche alla genesi di quella insorta negli ultimi anni, bisogna che ne parli.
Cominciando dal Diabete.
Sei stato in cura per molto tempo, per questa patologia, attraverso uno specifico regime alimentare ed alcuni farmaci, tra cui l'Insulina che, in base all'evoluzione delle tue condizioni, ti è stata diverse volte prescritta o tolta dalla terapia.
Era uno dei tuoi passatempi, gestire il Diabete, soprattutto da quando hai smesso definitivamente di lavorare. Da qualche parte, a casa tua e della mamma, tra tanti altri simili che hai nel tempo prodotto, dovrebbe esserci ancora qualche scritto, su cui hai annotato scrupolosamente data e luogo di alcune visite periodiche, ma anche tutta una serie di dettagli che riguardavano gli incontri ed i colloqui con i medici, oppure particolari insignificanti e poco pertinenti agli aspetti sanitari della malattia.
Avevi questa modalità indiretta, razionale, distaccata, nevrotica, di approcciarti alle situazioni, soprattutto a quelle che percepivi come un possibile problema o come qualcosa che avrebbe potuto crearti disagio.
In tal modo, probabilmente, esaurivi il coinvolgimento tuo e degli altri e contenevi preoccupazioni, paure e dolore.
Negli ultimi anni, quando la Demenza ha inesorabilmente iniziato ad avanzare e tu sei progressivamente diventato sempre più confuso, assente e non più in grado di badare a te stesso, anche la gestione del Diabete è diventata un problema, tanto che è stata costretta ad intervenire la mamma, la quale controllava allora la tua alimentazione, ti misurava quotidianamente la glicemia e ti somministrava l'Insulina.

Ma quante discussioni e litigate avete fatto, per questo, papà.
La brutta malattia stava impietosamente dando segni di sé, favorendo la comparsa di alcuni dei sintomi tipici, quali una certa rigidità nel ragionamento, una diminuzione della capacità critica, un aumento della sospettosità, dei pensieri persecutori, dell'irritabilità, degli scoppi di rabbia.
E te la prendevi con tutti, allora.
Con la mamma, tanto per cominciare, che ti rimproverava perché, nonostante non potessi per il Diabete, mangiavi dolci e fumavi di nascosto, in casa e quando uscivi per le tue passeggiate solitarie, che avevi preso l'abitudine di fare più volte al giorno.
Ma ti arrabbiavi anche con i medici che ti avevano in cura, in particolare la Diabetologa, che ti seguiva da anni e da cui ti sentivi in quella fase "perseguitato", solo per il fatto che avesse deciso di prescriverti l'Insulina, farmaco che, senza alcuna motivazione clinica, tu eri assolutamente contrario a prendere.
Anni prima, quando a livello cognitivo stavi ancora bene, di problemi di salute ne hai avuti anche altri.
Ad esempio, sei stato operato due volte alle gambe per disturbi di circolazione, credo dovuti al Diabete, per cui camminavi male.
«*Vai via da qui, Paola... c'è l'aria malata*», mi avevi detto quando ero venuta a trovarti in ospedale.
Sebbene provato e sofferente, la tua forza non era diminuita; non avevi smesso di essere responsabile e padre. Eri comunque superiore e non volevi farti vedere in quello stato, quindi mi hai protetta, come quando ero bambina.
Ricordo una volta che, tornando dal lavoro e trovandomi con l'influenza, avevi esclamato: «*Dallo a me, il tuo male!*».
Continuando con l'elenco dei tuoi malanni, dopo i 75 anni c'è stato anche un cancro.
Per la verità, tu e la mamma ne avete avuto uno a testa:

lei, tempo prima, al colon; tu, alla prostata.
Quando è toccato alla mamma, l'ho accompagnata nel percorso di malattia e di dolore.
So solo io quanto sia stata dura. Mi sono caricata il problema sulle spalle ed ho lottato insieme a lei, giorno dopo giorno, finchè, finalmente, ne siamo uscite.
Tu, invece, hai gestito tutto a modo tuo.
Non hai permesso né alla mamma né a me né a nessun altro di starti vicino nella sofferenza, a causa di quel tuo essere forte ed orgoglioso, ma anche decisamente duro, rigido, schivo, introverso, silenzioso, cupo e scontroso, che ha caratterizzato in particolare gli anni della maturità e della vecchiaia, soprattutto di fronte alle difficoltà.
Non parlavi mai della tua malattia. Non ti ho mai sentito dire «*Ho un cancro*», né ti ho mai visto preoccupato, spaventato o triste, per quello che ti stava accadendo.
Ti occupavi unicamente degli aspetti pratici della faccenda, come ad esempio organizzare gli appuntamenti per le visite. Per tre mesi ti sei recato all'IEO (Istituto Oncologico Europeo di Milano) per sottoporti a radioterapia, completamente solo. Credo che risentissi anche tu, come tutti, del trattamento, ma, almeno in mia presenza, non c'è mai stato un lamento o una manifestazione di dolore.
Ne soffrivi di sicuro anche emotivamente, ma non hai mai condiviso il tuo star male con gli altri.
A volte, io pensavo che negassi il problema.
E questo non parlarne, questo tuo tipico modo di razionalizzare, occupandoti unicamente degli aspetti amministrativi della questione, mi faceva tremendamente arrabbiare, papà.
Perché, anche se era in apparenza un segno di forza, a me sembrava una posizione di comodo, una fuga, un non voler vedere ed accettare fino in fondo quello che avevi: un modo per evitare, non il dovere e la fatica, ai quali eri avvezzo, bensì la sofferenza.
Ma forse, c'era un motivo ben preciso, per tutto ciò.

Probabilmente -e lo comprendo soltanto adesso, che sto scavando nella tua esistenza per riuscire a dare un senso al tuo percorso -ad un certo punto hai dovuto imparare ad essere così.

Per proteggerti da una paura e da un dolore altrimenti devastanti, derivati sempre da lì, dalla tragedia occorsa alla tua famiglia d'origine, evento che credo abbia segnato in modo inesorabile te ed il tuo cammino.

Portandoti a chiuderti, a difenderti, a fuggire, attraverso le tue spigolosità, i viaggi ma secondo me anche con la malattia degli ultimi anni, nel causare la quale tale vicenda deve aver avuto un ruolo fondamentale.

FRATELLI

Le prime manifestazioni della malattia sono state quelle che descrivevo prima, papà.

Intorno al 2010-2011, hai iniziato a diventare sempre più confuso, rigido nei ragionamenti, ripetitivo nei discorsi e nelle azioni, incapace di fare ciò che avevi sempre fatto, sospettoso, irritabile.

E ogni tanto cadevi, ti venivano le sincopi[2] e le ischemie cerebrali.

Il tuo star male derivava da tanti fattori, tra cui l'età avanzata, il Diabete, problemi circolatori ed una bradicardia[3], che ti è stata ad un certo punto riscontrata e per la quale è stato necessario posizionare un pacemaker.

In più fumavi ed anche tanto.

Ma io sono convinta che anche la componente emotiva abbia avuto un ruolo significativo.

E che in ciò, rientrasse l'evento tragico occorso alla vostra famiglia, fatto che, come dicevo, ha a mio avviso pesato enormemente, non solo su di te ma anche su tutti voi.

Ho già parlato dei nonni, ora descriverò invece i tuoi fratelli e mi soffermerò sul rapporto che vi univa.

Partendo da lei, la tua unica sorella: la mia cara zia Alberta.

Di qualche anno più grande di te, introversa, silenziosa e solitaria. Era una single ante litteram.

Credo che negli anni '40-'50, all'epoca della vostra giovinezza, questa fosse una condizione insolita, per una donna. Ma per la zia, forse, non lo era affatto. Lei era più avanti di tutti. Voleva essere libera ed indipendente.

Forse, un peso lo ha avuto anche ciò che di drammatico vi era successo, per cui si è sentita in dovere di restare vicino ai nonni. Oppure, era stanca di accudire uomini,

---

2 Perdita di coscienza transitoria dovuta alla diminuzione improvvisa del flusso di sangue al cervello

3 Diminuzione della frequenza dei battiti cardiaci

visto che tu e lo zio Carlo, uno dei tuoi fratelli di qualche anno minore di te vi siete sposati tardi, rimanendo quindi in casa a lungo e lei, essendo l'unica femmina, alla luce dei costumi dell'epoca non ha potuto esimersi dal dovervi stare dietro.

Appena è stato possibile ha acquistato casa a Milano, città in cui lavorava e dove, ad un certo punto, come già dicevo vi siete trasferiti tutti. A Marcallo, i nonni tornavano solo d'estate. Intanto era nato anche lo zio Ambrogio, molto più giovane di voi.

Al pari di te e di altri tuoi familiari, la zia era sempre in giro. Ha viaggiato molto.

Avevate questo bisogno quasi fisiologico di muovervi e di conoscere posti nuovi, esigenza che ho già evidenziato e di cui non ho mai capito bene il motivo ma che comprendo benissimo, avendola in qualche modo ereditata e sentendomi a mia volta veramente viva soltanto se viaggio.

Quando la nonna Giuditta è invecchiata, la zia l'ha accudita fino all'ultimo, con l'aiuto delle badanti.

Una volta che la vostra mamma se ne è andata, nel giro di poco tempo tua sorella ha iniziato a perdere colpi, diventando sempre meno autonoma: cadeva ed aveva difficoltà di deambulazione, fino a non camminare più.

Ad un certo punto, come è successo con te, è stato necessario ricoverarla in una RSA, sul Lago Maggiore, dove ha trascorso gli ultimi anni della sua esistenza fino al 2011, quando è mancata.

A distanza di tempo, pensando alla zia, la sensazione che ho è quella di evocare un angelo.

Perché un po' lo è stata. Era silenziosa, apparentemente indifferente e distaccata da tutti, ma secondo me nascondeva dei segreti.

Non so se abbia vissuto una vita appagante, se si sia concessa tutto quello che voleva, visto che, superate le difficoltà degli anni della guerra, aveva la disponibilità economica, il tempo e la possibilità, per farlo.

So solo che quando è mancata, oltre alla sua bella casa ha lasciato molti soldi, che sono andati a voi fratelli e che tu, in parte, hai dato a noi nipoti.
È stato anche attraverso questo aiuto economico se io ho potuto realizzare un grande sogno che coltivavo da sempre: comprare una casa mia.
Per questo, non smetterò mai di dirle: «*Grazie zia!*».
Quando era viva, era presente ma discreta, silenziosa e, quasi, invisibile. Da quando è mancata, invece, conforta pensare che sia molto vicina, come un'energia che vibra, protegge ed arricchisce.
E come sto facendo con te, da quando te ne sei andato, mi rivolgo a lei, se ho bisogno di aiuto.
A volte, mi ritrovo a parlarle ad alta voce, mentre guardo il tappeto antico che aveva comprato in Turchia, durante uno dei suoi viaggi; che ha tenuto a lungo nel suo bel salotto; e che io, poi, ho ereditato.

Ma torniamo a parlare di te, dei tuoi fratelli e del vostro legame.
Non credo sia stato casuale il fatto che si è verificato poco dopo la scomparsa della zia, papà.
Era il 2011.
Ti trovavi a Milano e stavi andando a casa di tua sorella, mancata qualche mese prima.
Avevi un appuntamento con gli zii Carlo e Ambrogio.
Camminavi per strada insieme alla mamma quando, all'improvviso, ti sei accasciato sul marciapiede.
È stata questa forse la prima delle sincopi che si sono poi in breve tempo succedute.
La mamma si è spaventata molto, quella volta e la paura, poi, le è rimasta: ogni volta che ti vedeva anche solo barcollare, trasaliva e si agitava.
Quando le dicevo «*Vabbè, ma stai calma!*», rispondeva: «*Perché tu non l'hai mai visto cadere!*».

In effetti, io non sono mai stata presente in occasione di tali episodi.

Doveva essere davvero impressionante vederti cadere all'improvviso all'indietro e rimanere per qualche minuto disteso, con gli occhi chiusi.

In termini tecnici, quello che ti accadeva viene definito *"Caduta a terra per retropulsione"*.

Qualcuno dei numerosi medici che hai incontrato nel tuo percorso di malattia, aveva ipotizzato che potesse trattarsi anche di una forma di epilessia, ma ciò, in seguito, non ha trovato riscontro.

Quando cadevi, passato qualche secondo, riaprivi gli occhi e non ricordavi assolutamente nulla di ciò che era successo. O forse, almeno in occasione dei primi episodi che si sono verificati, fingevi di non ricordare e dicevi di stare bene, così potevi liberamente continuare ad uscire da solo, mentre noi, preoccupati, non ci sentivamo più tranquilli a lasciarti andare.

Dopo il primo evento del 2011, avvenuto a mio avviso per i problemi di salute ma anche per le emozioni legate alla vostra famiglia e risvegliate dall'incontro a casa della zia con i tuoi fratelli, a distanza di qualche mese è successo di nuovo.

Ed anche questa volta, secondo me, non è stato casuale.

Era estate e ti trovavi sul Lago Maggiore, con la mamma, lo zio Carlo e la zia Graziella, sua moglie e tua cognata.

Gli zii da quelle parti hanno una bella villa, diventata con il tempo il luogo di ritrovo dove, invece che a Marcallo, d'estate si festeggiava il Ferragosto. Negli ultimi anni era un rituale tra voi, gli zii ed altri vostri cugini, trovarvi lì per questa ricorrenza. Era una tradizione a cui tenevate tutti ed alla quale, con immenso dispiacere da quando ti sei ammalato, avete dovuto rinunciare.

Quella volta eravate andati a fare una gita, in una località vicina.

La mamma dice che era stata una bellissima giornata. Ma

ad un certo punto, come già era successo qualche mese prima, all'improvviso tu sei caduto all'indietro. Hai anche battuto la testa ed è stato necessario portarti in Pronto Soccorso per accertamenti.

Altre volte, se non proprio con le sincopi, ti capitava comunque di cadere, quando eri dagli zii, al lago.

Io sostenevo che ciò accadesse perché ti agitavi, vedendo tuo fratello Carlo, mentre la mamma, Stefano ed Alessandro, non prendevano molto sul serio la mia affermazione.

Ed invece, secondo me, c'era del vero.

Perché le emozioni legate alla storia della vostra famiglia credo riaffiorassero sempre, quando avevi a che fare con i tuoi parenti. E se, per la maggior parte della tua esistenza sei riuscito ad arginarle, negli ultimi anni erano probabilmente diventate troppo forti, tanto da farti reagire vacillando, cadendo o attraverso le sincopi.

Lo zio aveva sempre parole, attenzioni, modi gentili e premurosi, nel relazionarsi con gli altri. Nei giorni di festa, come un Anfitrione, era contento di radunare ed ospitare tutti noi parenti.

La nonna Giuditta lo adorava. Lui la coccolava, la trattava come una principessa, si occupava e preoccupava per lei in maniera commovente; la faceva ridere, raccontandole solo cose divertenti e sempre belle. Non le parlava mai di difficoltà o problemi.

Anche per voi fratelli, si preoccupava, lo zio.

È stato lui a gestire in buona parte ciò che ha riguardato il ricovero della zia Alberta, quando è stata inserita in RSA e, insieme alla zia Graziella ed allo zio Ambrogio, l'altro tuo fratello che si occupava anche degli aspetti amministrativi, l'ha accudita, fino a che non si è spenta.

Quando è toccato a te, ha sofferto molto. Diceva di non farcela, a vederti ridotto in quello stato.

Purtroppo anch'egli, negli ultimi tempi, ha iniziato progressivamente a non stare bene. Un enorme dispiacere, come quello che ho provato per te, perché sono sempre

stata affezionata a questo zio così cordiale e protettivo.
A propria volta lo zio Ambrogio, quando ti sei ammalato, pur non dicendo nulla ed evitando di mostrarlo alla mamma, a me ed ai miei fratelli, stava male, nel vederti in quelle condizioni.
Essendo molto più giovane (ci sono sedici anni di differenza), ti deve aver sempre considerato un po' come una figura paterna, mentre per te immagino sia stato come un figlio.
Ho sempre colto un enorme rispetto, da parte dello zio, nei tuoi confronti.
Tu poi, come con me, Stefano ed Alessandro, credo che anche con lui non fossi molto tenero.
Ad esempio, lo zio racconta l'episodio di quando, appena patentato, ha fatto con la tua macchina e in curva una manovra un po' spericolata, non accorgendosi che malauguratamente tu eri lì, lo hai visto e gli hai dato anche un ceffone.
Altre volte, come già scrivevo, racconta invece di quando da ragazzo lo portavi in giro nei tuoi viaggi di lavoro e lui era estremamente orgoglioso di quel fratello grande, che era il responsabile della situazione.
Lo zio Ambrogio è una delle persone che stimo di più, tra quelle che conosco. La sua vita non è stata facile: lutti precoci, dispiaceri e malattie, hanno costellato il suo percorso.
Eppure, non è mai crollato. È forte, come te ed i nonni.
Ed è estremamente intelligente. Studiava mentre lavorava (come già era stato per te e come poi ho fatto anch'io), si è laureato, è diventato un importante dirigente, ha viaggiato molto; adesso che ha concluso da tempo il suo percorso professionale, dipinge, coltiva diversi altri interessi e si dedica alla gestione di tante questioni che riguardano anche la vostra famiglia, con una puntualità, una precisione, un'efficienza ed una bravura, davvero encomiabili.
«*Parlava cinque lingue, tuo papà...*», l'ho sentito dire una

volta, con immensa tristezza, constatando i danni che la patologia aveva arrecato alle tue funzioni cognitive.

In un'altra occasione, a fine novembre 2013, quando dopo l'ennesima ischemia cerebrale eri veramente ridotto male ed anche io pensavo che non ce l'avresti fatta, venendoti a trovare in RSA e vedendoti lì, nel corridoio, raggomitolato sulla poltrona che gli operatori destinavano a te, quasi scheletrico, con il viso consunto dalla malattia, immerso in un profondissimo sopore ed incapace di tenere a lungo gli occhi aperti, lo zio non è riuscito a trattenersi ed è scoppiato in lacrime.

Ma quella volta, non era ancora il tuo momento, papà.

Non so come, la scorza robusta, evidentemente dovuta ai geni ereditati dalla mamma centenaria, ti ha consentito di riprenderti anche da questa nuova batosta. Certo, dopo, il quadro clinico è progressivamente ed ulteriormente peggiorato. Ma sei rimasto qui ancora per diversi mesi.

Ritornando comunque all'intreccio tra te, i tuoi fratelli e le emozioni...

Alla zia Alberta eri ed eravate tutti molto legati. Lei si appoggiava ai suoi fratelli e voi avevate verso vostra sorella un atteggiamento protettivo.

Ma a mio avviso c'era dell'altro. C'era molto, molto di più.

Ad unirvi profondamente, c'era anche quell'enorme e tacito dolore, derivato dalla tragedia familiare che vi aveva colpito. E secondo me, ad un certo punto, questa cosa è riaffiorata, quando alcuni di voi hanno iniziato a non stare bene ed a mancare.

Probabilmente, per tutti voi è stato sempre più difficile arginare e gestire la forza della sofferenza, così alla fine essa vi ha vinto, provocando come una sorta di reazione a catena: la scomparsa della nonna, che dopo l'evento tragico era stata la vostra "forza", ha fatto crollare la zia Alberta; quando se ne è andata pure lei, tu hai iniziato a stare male e la tua malattia è poi stata troppo, anche per lo zio Carlo.

Nel raccontare la tua storia ritornerò sulla tragedia avvenuta e tutto, dal legame con i tuoi fratelli alla malattia degli ultimi anni, risulterà più chiaro.
Ma adesso, proseguiamo.

VIAGGI

Quanti ricordi ho di te, legati ai viaggi ed alle vacanze, papà!

Ad esempio, di quelle tre estati consecutive in cui io, Stefano ed Alessandro eravamo ancora molto piccoli (dai 2 ai 7 anni) e tu, dopo averci caricati insieme alla mamma sulla nostra mitica Fiat 124 color verde petrolio, hai guidato per migliaia di chilometri, per portarci in vacanza due volte in Puglia, in un villaggio turistico sul Gargano e poi in Calabria, in un campeggio a Cirò Marina, in provincia di Crotone.

Durante il viaggio di ritorno da una di queste vacanze, la macchina ha avuto un guasto e ci sono venuti a recuperare in autostrada con il carro attrezzi. Tu, solitamente ansioso ed irritabile di fronte agli imprevisti, quella volta l'hai presa con filosofia, ridendo insieme a noi dell'inconveniente, che ha anche causato un cambio di programma, con un pernottamento in un motel di una stazione di servizio, nell'attesa che riparassero l'automobile.

Ogni volta che partivamo per le vacanze c'erano dei rituali prestabiliti, perché tu eri metodico, previdente e, usando una tua tipica espressione, avevi bisogno di fare le cose *"Con comodo"*.

Ad esempio le valigie, con grande gioia della mamma, andavano preparate con largo anticipo, perché tu *"Dovevi caricare"* l'auto.

Inoltre, non esistendo ancora Internet, i navigatori satellitari e le mappe elettroniche, studiavi minuziosamente il percorso da effettuare sulle dettagliatissime cartine stradali del Touring Club Italiano, di cui per molti anni sei stato socio e per il quale, come scrivevo prima, hai anche lavorato.

Sempre del Touring, non mancavano mai, durante i viaggi, le guide, da cui, se ancora non le conoscevi, ricavavi preziose informazioni sulle attrattive naturali, storiche ed artistiche delle località che avremmo dovuto raggiungere. Poi, quando tutto era pronto, già al volante dell'auto e con il motore acceso, ci dicevi: «*Buon viaggio!*», come se fossimo stati uno dei tanti gruppi di turisti che, per anni, in qualità di accompagnatore hai portato in giro per il mondo.

In effetti, essendo in cinque, un po' un gruppo lo eravamo.

Noi tre bambini, sul sedile posteriore, avevamo i nostri posti fissi: Stefano a sinistra, dietro di te, Alessandro in mezzo ed io a destra, con davanti la mamma.

Eravamo bravissimi!! Ci "sciroppavamo" interminabili viaggi in macchina senza capricci né lamenti.

Ricordo che cantavamo, oppure inventavamo storie con trame e personaggi assurdi, io in particolare, avendo all'epoca una fantasia molto fervida.

Ridevate anche tu e la mamma delle nostre trovate, finalizzate ad ingannare la noia dei lunghi viaggi, perché a volte eravamo spiritosi o creavamo dei veri e propri tormentoni, come quello del *"Pastore"*, ovvero della pecorella (parte recitata da me), che si rivolgeva al proprio padrone, cioè Stefano, dando il via ad un interminabile botta e risposta, nel corso del quale riuscivamo a dire le cose più astruse.

Una volta raggiunta la località della vacanza, non rimanevamo mai solo lì, in quanto nelle vicinanze c'era sempre qualche posto che tu ritenevi interessante e che quindi ci portavi a visitare.

Grazie papà.

Di cuore, grazie davvero per averci educato a viaggiare ed averci trasmesso la passione per l'esplorare, il vedere ed il conoscere il bel pianeta Terra di cui facciamo parte.

Io, ormai, non riesco a concepire una vacanza che non sia di viaggio. Ed anche se vado via per lavoro e sono in un posto che non conosco, ho bisogno di sapere dove mi trovo, di guardarmi attorno, di vedere il bello della natura, della storia e dell'arte dell'uomo, di conoscere come si vive, cosa si fa, come si parla, cosa si dice e cosa si mangia.

In occasione delle vacanze in Puglia, ad esempio, ci avevi portato a visitare le Grotte di Castellana, la Foresta Umbra, le Isole Tremiti, Castel del Monte ed Alberobello, con i famosi trulli.

Quando siamo stati in Calabria, abbiamo visto, tra l'altro, Isola Capo Rizzuto e la Sila.

«*Li ho imparati papà. Te lo giuro*». Ora so i nomi dei laghi della zona che tu avevi ripetuto più volte e sui quali, per verificare il nostro apprendimento, mentre andavamo verso la località ci avevi interrogato all'infinito.

«*Allora, ascolta: sono i laghi Ampollino, Cecita, Arvo ed Ariamacina. Hai visto che brava? Sei contento adesso?*».

Durante le numerose vacanze che negli anni successivi abbiamo trascorso in Liguria, sia sulla Riviera di Levante che su quella di Ponente, abbiamo girato in lungo e in largo la regione, visitando ad esempio le Cinque Terre più volte, oppure posti insoliti, come Bussana Vecchia, un paesino su una collina vicino a San Remo che nell'800 aveva subito un terremoto, è poi rimasto diroccato ed è abitato solo da artisti; oppure, quasi al confine con la Francia, i Giardini Hanbury, un orto botanico con un'infinita varietà di piante, soprattutto tropicali.

Dalla Liguria ci siamo spesso spostati anche nei dintorni: ad esempio, ci hai portato in Toscana, a Pisa ed anche in Francia, a Nizza e a Montecarlo.

Un anno che siamo stati in vacanza in Abruzzo, ci hai condotti nelle vicine Marche, prima a Loreto, per visitare la famosa basilica e poi a Recanati, per vedere la casa di Giacomo Leopardi.

Dell'Emilia Romagna ci hai fatto conoscere Comacchio, Pomposa con la sua abbazia, nonché Ferrara e Ravenna. Siamo stati anche a San Marino. Ed essendo lì vicino, potevamo non andare a Venezia? Città che conoscevi benissimo, perché, come a Roma, devi esserci stato più volte; ci hai infatti guidato fino in piazza San Marco muovendoti tra le calli con agilità e perfettamente a tuo agio; hai tenuto poi a farci visitare Murano, per mostrarci le storiche botteghe dove si lavora il vetro e l'interno della chiesa di Santa Maria della Salute, che ritenevi particolarmente bello ed interessante.

Anche nelle stagioni non estive ci portavi in giro, in luoghi vicini a Milano.

D'inverno, ad esempio, siamo stati in montagna, in Val Formazza. Oppure abbiamo effettuato diverse gite, tra cui quella in Piemonte ed alla Certosa di Pavia.

Ci sono tante foto di noi tre bambini in posa, con i sorrisi più o meno sdentati (erano gli anni in cui stavamo perdendo tutti i denti da latte), nei vari luoghi che ci hai portato a visitare.

«*Guardate Alessandro, tenete Alessandro, state attenti ad Alessandro!*», era, durante queste nostre escursioni, il tormentone tuo e della mamma.

Essendo allora molto piccolo, consideravate il minore dei vostri figli sempre a rischio di qualche infortunio o incidente.

Mi sembra ancora di sentirvi, tutti e due, quando ad esempio abbiamo fatto le foto ricordo sulla Torre di Pisa... che ansia!!

In quell'occasione, io avevo un anellino nuovo di zecca, appena acquistato in un negozio di souvenir e, essendo come tutte le bambine estremamente vanitosa, avevo come preoccupazione principale quella di mettere bene in evidenza il "gioiello" che portavo al dito, in modo che saltasse subito all'occhio, nelle foto. Avrei quindi volentieri fatto a meno di badare al mio fratellino e di tenerlo stretto per un braccio, evitando in tal modo che si muovesse, si facesse male o, peggio, che cadesse dalla torre.

Ma voi due eravate entrambi terribilmente ansiosi.

Tu, papà, eri pieno di tic e manifestavi dei comportamenti ripetitivi. Dei rituali ossessivo-compulsivi.

Ti schiarivi la voce in continuazione. Quando passavi vicino ad una parete la toccavi, dando una serie di lievi pugni.
A tavola, prima di bere, sollevavi il bicchiere e lo battevi più volte contro il bordo del piatto, o, ancora, se avevi in mano una penna, riempivi di una miriade di puntini i fogli su cui stavi scrivendo.
Anche la mamma era sempre ansiosa, timorosa, preoccupata che potesse succedere qualcosa.
Alessandro, di noi tre, era quello che effettivamente si faceva male più spesso, ma non perché fosse particolarmente vivace, anzi, io e Stefano, da bambini, lo eravamo molto di più.
Lui, da piccolo, era estremamente tranquillo e forse, reso meno sicuro da tutte le vostre paure.
Da parte vostra, nell'educarci, c'è inoltre sempre stata un'ombra di severità.
C'era sempre qualche dovere o rimprovero, per cui, almeno io, fin da allora mi sono sentita caricata di una qualche responsabilità.
Nonostante questo, non finirò mai di dirvi: «*Grazie!*». Perché siete stati due genitori splendidi, sempre presenti, che non ci hanno fatto mancare nulla e che ci hanno permesso di vivere un'infanzia assolutamente serena.
E tu papà?
Almeno in quella fase, quando, circondato dall'affetto di tua moglie e dei tuoi tre bambini, andavi in giro come piaceva a te, sei stato un po' sereno?
Oppure, ogni tanto, inguaribile e spietato, si faceva sentire il male, derivato dalla vostra tragedia familiare e che, ne sono sicura, se ne stava annidato da qualche parte, dentro di te?
Nonostante le ansie, i tic, i rituali ossessivi con cui cercavi di contenerlo, il nostro amore nei tuoi confronti e tutto il "bene" che ti avvolgeva, i quali avrebbero dovuto avere un effetto terapeutico?
Anche quando eravamo apparentemente tutti felici, a vol-

te riemergevano per te l'orrore, l'impotenza, la rabbia, il terrore per quello che era capitato?
Come una febbre malarica, ogni tanto tutto ciò si riaccendeva e ti bruciava, dentro?
Fino a quando non l'hai più potuto controllare e, come una bomba ad orologeria, ad un certo punto è esploso, facendoti alla fine ammalare per non sentirlo più...
È stato così, papà?

TU E NOI

Oggi non c'è verso. Da stamattina, non so perché, canticchio mentalmente una canzone che non riesco a togliermi dalla testa.
Fa così:

"Il Piave mormorava calmo e placido, al passaggio
dei primi fanti, il ventiquattro maggio;
l'esercito marciava
per raggiunger la frontiera
per far contro il nemico una barriera...

Muti passaron quella notte i fanti:
tacere bisognava, e andare avanti!

S'udiva intanto dalle amate sponde,
sommesso e lieve il mormorio dell'onde.
Era un presagio dolce e lusinghiero,
il Piave mormorò:
«Non passa lo straniero!»...".

Si tratta delle prime strofe di una delle più famose canzoni patriottiche italiane, *"La leggenda del Piave"*.[4]
E la cantavi sempre tu, papà.
Quando io, Stefano ed Alessandro eravamo bambini, cantavi spesso, intonatissimo e con la tua bella voce.
A volte storpiavi le parole, traducendole in qualcuna delle lingue straniere che conoscevi o creando delle tue personali versioni.
Ad esempio, in riferimento alla *Canzone del Piave*, modifi-

---
4 Scritta nel 1918 da E. A. Mario (pseudonimo del maestro E.G. Gaeta), ispirata ai combattimenti avvenuti nello stesso anno sul fronte dell'omonimo fiume tra l'esercito italiano e le truppe dell'Impero Austro-Ungarico, è stata utilizzata tra il 1943 ed il 1946 come inno nazionale.

cavi gli ultimi versi dicendo, in dialetto milanese:

«*Il Piave mormorò:
de chi se pasa no, zum zum*».

Oppure, trasformavi la strofa di un'altra canzone della tua epoca che diceva "*Son tornate a fiorire le rose*" in "*Son tornate a fiorir... le cipolle!*".
Quando eri in vena, facevi il buffone.
E ripensandoci adesso, il ricordo principale che ho di te, rispetto agli anni della mia infanzia, è quello di un giocherellone.
Forse, almeno allora, un po' sereno lo sei stato.
Per me ed i miei fratelli, da piccoli, sei stato un compagno di giochi. Del resto, i bambini ti piacevano molto. Quando noi siamo cresciuti, con i bambini di parenti, di conoscenti ma, soprattutto, con i tuoi nipoti, ti ho visto esprimere una vivacità, delle attenzioni e delle tenerezze, che non ti permettevi di manifestare nei confronti degli adulti.
Forse perché ti sentivi libero di lasciarti andare, di essere te stesso, di tornare, almeno per un momento, il bambino ed il giovane spensierato che probabilmente sei stato, prima che accadesse il vostro dramma familiare e ti colpisse il male che hai vissuto.
Perché di questo si è trattato. Di uno scontro improvviso e violento con il male, che, per quanto inconcepibile ed ingiusto, hai dovuto subire ed accettare, senza alcuna possibilità di difesa o riscatto.
Uno dei volti più abietti dell'essere umano, in tutta la sua crudeltà, dopo essere apparso sulla tua strada, ha all'improvviso mostrato il suo ghigno beffardo e ti ha aggredito con violenza, sbarrando e deviando per sempre il cammino del giovane che eri e non lasciandoti altro, se non la fuga.
Ma dai bambini, probabilmente, non sentivi di dover fuggire, di doverti difendere, perché coglievi la loro purez-

za ed innocenza. Non dovevi stare all'erta. Da parte loro, non ci sarebbe stato alcun male.
Li percepivi come piccoli, fragili, indifesi e ti sentivi in dovere di proteggerli. Una volta, mi hai detto che ti sarebbe piaciuto andare in Africa, a lavorare aiutando i bimbi che muoiono di fame.
Con chi consideravi debole o in difficoltà, eri estremamente protettivo e possessivo, papà.
Anche con noi lo sei stato.

Pensandoci ora, gli scontri che io e te abbiamo avuto spesso e per le ragioni più varie, per cui io mi arrabbiavo, mi offendevo, non mi sentivo né vista, né capita, né aiutata, erano in definitiva manifestazioni d'affetto. Erano il tuo modo di esprimere dispiacere, perché diventavo via via sempre più autonoma e, acquisendo indipendenza, avevo sempre meno bisogno di te. Mi allontanavo. Ma erano anche segnali di ansia, di paura, il tuo mezzo per mettermi in guardia, per difendermi da tutti i pericoli e le difficoltà della vita.

Forse, avevi paura di perdermi.

Come la vita, anni prima, ti aveva all'improvviso ed in maniera tanto violenta costretto ad un'altra, terribile perdita.

Una volta, ti ho fatto prendere un grande spavento. E finché ne hai avuto memoria, talora ritiravi fuori l'episodio. Avrò avuto forse due o tre anni. Eravamo all'aperto. C'erano anche la mamma, Stefano ed Alessandro. Eravamo appena scesi dalla macchina, che tu avevi parcheggiato. Ad un certo punto, non so come - non ricordo assolutamente nulla e quello che posso dire della vicenda l'ho appreso dai tuoi racconti a posteriori – io, dopo essermi allontanata da voi, ho iniziato ad attraversare la strada, da sola. Credo che tu, in preda al panico più totale ed il più rapidamente possibile, mi abbia rincorsa e riacciuffata. Non ricordo se poi mi abbia anche sgridata. Lo spavento deve essere comunque stato enorme. Quando in seguito

ricordavi l'episodio, dicevi: «*L'ochetta, all'improvviso, si è buttata in mezzo alla strada e sotto le macchine...*».
Non so se sia stato da allora, ma spesso ti riferivi a me utilizzando tale termine.
Non che io lo fossi davvero, anzi, tutto si può dire di me, tranne che sia stata oca. Del resto, non sarei mai potuta esserlo, con due genitori rigidi e severi come voi, che mi hanno fatto diventare estremamente seria, coscienziosa e responsabile.
Ma in occasione di quell'episodio, sebbene fossi molto piccola, io ti devo essere apparsa un po' svampita e sciocca, caratteristiche che, nel pensiero comune, si attribuiscono al povero animale.
O forse, mi chiamavi "ochetta" in modo affettuoso.
A volte, quando c'era qualcosa che io trovavo divertente, tu dicevi: «*Ride, l'oca...*».
Adesso invece te lo dico io. Quando vengo a trovarti al cimitero e mi guardi sorridendo dalla foto che ti abbiamo messo sulla tomba, ti chiedo: «*Ma cos'hai tu da ridere?*» e poi commento: «*Ride l'oca...*».
A volte però mi chiamavi anche *"La principessa"*. Mi volevi e ci volevi un gran bene.
Ho un ricordo che mi riporta ancora alla strada di cui scrivevo prima.
Ero sempre molto piccola e camminavo con te, che mi tenevi per mano. Io parlavo del golfino colorato che indossavo, ma non riuscivo a pronunciare correttamente la parola *"rosso"* e dicevo quindi *"rotto"*.
Ricordo che mi sentivo frustrata, perché non ero in grado di far capire bene quello che volevo intendere.
Ma tu, intenerito dal mio modo di parlare, dapprima ripetevi a tua volta *"rotto"* e poi, con una pazienza ed una dolcezza infinita, mi spiegavi la differenza di significato che intercorreva tra i due termini, aiutandomi quindi a pronunciare in modo esatto il colore dell'indumento che indossavo.

Ricordo poi i giochi, innumerevoli, che abbiamo fatto anche insieme ai miei fratelli.

C'è una fotografia che ti ritrae seduto a terra, con un sorriso sornione, all'interno di una tenda giocattolo da indiano d'America, che avevamo appena ricevuto come dono natalizio. Ti aveva immortalato in quella circostanza lo zio Ambrogio, il quale, sul retro della fotografia, aveva scritto: *"Toro Seduto... un po' giocondo!"*.

Un'altra volta eri stato in Francia per lavoro e, al ritorno, sempre da indiani, ci avevi portato degli splendidi costumi da Carnevale.

La mamma racconta che quando da bambini ci lasciava con te per qualche ora, al sabato pomeriggio, combinavamo di tutto. Ad esempio tu, dopo esserti messo sul pavimento a quattro zampe, ci facevi salire sulla schiena e, come se fossimo stati in sella ad un cavallo, ci portavi in giro per la casa.

Come ho già detto, spesso cantavi. A volte, inventavi tu musica e parole.

C'era ad esempio una canzoncina affettuosa, che avevi creato per Alessandro, il quale, ancora molto piccolo, portava il pannolino. Diceva: *"Il mio bel bambino si chiama Alessandrino, il mio bel bambino è proprio un...puzzolentino!"*.

A volte stavi agli scherzi, come quando io ti avevo appioppato tutta una serie di nomignoli affettuosi, tirati fuori non rammento assolutamente più da dove, tra cui *"Merlino"*, *"Marino"*, *"Melissa"*, *"Mela"*: tu ti eri impadronito di questi soprannomi e, comprendendo che si trattava di manifestazioni di affetto, ne andavi anche fiero.

Anche gli animali ti piacevano e dimostravi assoluta dimestichezza, sembravi quasi riuscire a comunicare con essi in un linguaggio segreto.

Una volta eravamo andati fuori Milano, a trovare alcuni parenti della mamma, i quali, nel cortile di casa, tenevano legato un cane che avevano definito come particolarmen-

te aggressivo e a cui, quindi, ci avevano raccomandato di non avvicinarci.
Ma tu, forse richiamato dalla voce ancestrale della natura, immedesimandoti con l'animale e provando rabbia per il fatto che fosse legato o, molto più probabilmente, comprendendo quanto la sua aggressività fosse in realtà paura, non hai ascoltato il consiglio. Come San Francesco con il lupo, in silenzio e con la massima calma ti sei avvicinato e, con affetto, hai iniziato ad accarezzare il cane, il quale, placato dalla tua presenza, si è dimostrato insolitamente ed inspiegabilmente mansueto.
Ci sono poi alcune foto che ritraggono te e la mamma in Marocco, durante una delle tappe previste dalla crociera in occasione della quale vi siete conosciuti. Siete circondati da altre persone ed anche da alcuni dromedari, animali con cui, nel luogo in cui vi trovavate, si usava forse far fare ai turisti le foto ricordo. In una delle immagini si vede la mamma visibilmente impaurita ed a disagio, che dà le spalle ad uno dei dromedari e con le braccia lungo i fianchi fa con le mani un gesto per tenere ben a distanza l'animale; nella foto che ti riguarda, invece, tu papà tieni il braccio intorno al collo della bestia con cui sei stato immortalato, sorridi e sembri perfettamente a tuo agio, quasi quella fosse una situazione abituale, per te.

Anche se il ricordo che ho di te durante la mia infanzia è, nel complesso, di serenità, questi momenti apparentemente lieti e, ancor di più, i tuoi sorrisi, non erano frequenti.
Spesso, anche quando noi eravamo piccoli, "ti assaliva la carogna" e la musica cambiava.
Pensandoci ora, probabilmente quando qualcosa ti faceva sentire contraddetto, frustrato o non compreso, oppure, in qualche modo, slatentizzava il dolore, la rabbia, la paura e l'impotenza che devi aver provato per l'orribile tragedia occorsa anni prima, il tuo tono dell'umore virava

rapidamente ed inesorabilmente verso il basso ed il nero più cupo.

C'erano delle volte in cui ti chiudevi in te stesso e, per giorni interi, evitavi perfino di parlare.

Oppure, diventavi irritabile e rabbioso. Non ricordo che tu abbia mai alzato le mani contro qualcuno di noi, ma le tue scenate e le tue sgridate, quelle sì, le ricordo eccome. A volte ti alteravi parecchio, e, apparentemente, per un nonnulla.

La mamma racconta un episodio in cui di noi figli c'era solo Stefano, il quale, neonato, piangendo come fanno tutti i piccoli della sua età, era stato sgridato da te perché disturbava l'ascolto di alcune registrazioni, a cui ti stavi dedicando per studiare una delle lingue che conoscevi.

Personalmente, ricordo alcune volte in cui, alla sera, dopo aver rimproverato per bene noi bambini, magari anche solo perché eravamo stati un po' più vivaci del solito, ci spedivi a dormire, proibendoci di guardare la televisione. Io però non mollavo. Forse perché, sebbene bambina, come era accaduto a te con il cane dei parenti della mamma, intuivo quanto la tua non fosse cattiveria, bensì la manifestazione di un disagio emotivo. Di paura. Di dolore. Ero sicura che fosse solo una "crisi" passeggera e che, il "vero te", fosse il papà buono, protettivo e giocherellone, che conoscevo. Allora, nel cercare il tuo perdono, mi rivolgevo al tuo reale essere. Una volta, dopo una delle tue sgridate, nel tentativo di mediare anche per i miei fratelli, ti ho scritto un biglietto tutto in rima, riuscendo così ad intenerirti, a rasserenarti e raggiungendo anche lo scopo di evitare che la proibizione della televisione si protraesse per diverse sere.

IL LAVORO
MA, SOPRATTUTTO, NOI

Le ho ritrovate.
Ero sicura che fossero da qualche parte.
Mi ricordavo delle lettere che avevi scritto a noi familiari durante la stagione che hai trascorso nell'estate del 1982, in qualità di Direttore, presso il villaggio turistico del Touring Club Italiano di Marina di Camerota, in Campania.
Sei partito a maggio e tornato in ottobre. Noi ti abbiamo raggiunto in luglio e ci siamo fermati per due mesi, sino a fine agosto.
Insieme alla mamma, ho cercato le lettere a casa vostra e alla fine sono saltate fuori. Erano in una delle tue mitiche cartellette, quelle con cui catalogavi ed archiviavi tutti i documenti che gestivi, per te e per gli altri.
C'erano anche degli appunti, riguardanti la relazione finale che avevi dovuto scrivere al termine dell'incarico e dei fogli dattiloscritti, con delle informazioni storiche ed artistiche su Paestum. Le avevi preparate tu e le stesse venivano distribuite ai turisti che partecipavano ad una delle gite che il villaggio organizzava nelle località circostanti, di cui il noto sito archeologico faceva parte.
Dopo aver trovato ciò che avevi scritto, l'ho riletto a casa mia, da sola.
Non so come descrivere l'effetto.
Ero convinta che sarei stata male, che sarebbe stato ancora più penoso pensare ai tuoi ultimi anni, caratterizzati dalla brutta malattia, per cui, tu, non eri più tu. Mi aspettavo che sarebbe stato ancora più difficile accettare il fatto che, adesso, non sei più qui.
Invece no. È stato tutto molto naturale, come se non fosse cambiato nulla, come se tu ci fossi stato prima e ci fossi, anche ora.
L'unica cosa particolare, è stata il fatto che non ricordassi più quel periodo, di come fosse la nostra vita familiare e

di come fossi tu, allora.
Rileggendo le tue parole, ho avuto la dimostrazione di quanto ci volessi bene e fossi legato, a noi.
Nelle lettere, descrivevi il villaggio e la tua giornata tipo. Quasi in ognuna di esse, fornivi inoltre delle dettagliatissime informazioni, (in un caso persino scritte in rosso!), sul viaggio che avremmo dovuto intraprendere per raggiungerti.
Ma ti preoccupavi molto anche di quello che riguardava ciascuno di noi, chiedendo dei nostri studi o commentando aspetti della nostra vita. E secondo me, ti siamo mancati molto, nei mesi che hai trascorso lontano da casa.
Riporto di seguito alcuni stralci delle tue lettere.
Per un attimo, lascio insomma la parola a te, papà.
Intanto, in modo che tu stesso, più di quanto lo possa fare io, abbia l'opportunità di raccontare a chi non ti ha conosciuto, qualcosa di te.
E poi, anche perché possa servire per ciò che descriverò tra poco della tua malattia, per rendere cioè immediatamente evidente quanto, una patologia come quella che hai avuto tu, possa togliere ad un essere umano.

"Alla mia cara famiglia,
questa lettera da parte di un povero recluso in un campo spinato o meglio cintato da siepi, ha lo scopo di comunicare alcune notizie, oltre a quello di salutarvi.
La prima notte del mio arrivo non riuscivo a prendere sonno dalla stanchezza, così la mia mente andava ai miei tre briganti, che saranno senz'altro felici di non aver più in casa una ciminiera..." (riferito a noi figli ed alla tua immancabile sigaretta)

"...Il ricevere una lettera in un posto sperduto come questo, è come l'assetato che ottiene un bicchiere d'acqua in mezzo al deserto..." (anche noi, da Milano, ti avevamo scritto diverse volte)

"...*Il villaggio è alberato quasi esclusivamente da olivi di tutte le dimensioni e se uno non vuole stare in spiaggia, può cercarsi l'ombra di un albero che più gli piace.*
Per scendere alla spiaggia c'è da fare una scalinata di 100 gradini, il che non è poco. Però a metà strada della scalinata ci sono delle docce per rinfrescarsi. Il villaggio non è piatto, ma tutto digradante verso il mare, fin dove comincia la ripida scalinata che porta alla spiaggia.
La spiaggia è bella, l'acqua è limpidissima, i fondali profondi, non ci sono conchiglie.
All'ingresso del villaggio c'è tutto il complesso in muratura, con la direzione, il ristorante, le varie sale TV, da ping pong, etc.
Alle spalle di ciò c'è il campo da tennis e due campi di bocce.
Ci sono anche due flipper e la pista per le feste..."

"*...Diversi tipi di costruzioni, capanni rotondi in paglia e legno, gusci in materiale espanso, bungalows in muratura, tende. Il tutto piazzato di preferenza sotto gli alberi.*
La caratteristica di questo villaggio è che non è piatto.
Come entri dal cancelletto incominci a fare subito una piccola discesina dove c'è la direzione. Poi è tutto un digradare quasi a terrazzi. Fra un piano e l'altro sono collocati gli alloggi, piccole scale si succedono l'una dopo l'altra.
...si arriva ai servizi centralizzati (docce e wc).
Da qui continua una strada in terra battuta e finalmente ti infili in un sentiero, coperto da canne, che, snodandosi a serpentina e molto ripido, ti porta giù quasi alla spiaggia.
Quando credi di essere arrivato, il sentiero riprende a salire ancora una decina di metri, per poi picchiare decisamente sulla spiaggia..."

"*...La flora del villaggio è composta in prevalenza da ulivi, seguono i pini, piante strane di cui non so il nome, poi ci sono delle bouganville, folti cespugli di rosmarino ed altre essenze.*
Sulla spiaggia, prima di arrivarci, ci sono delle rocce rosse perché hanno bevuto troppo vino..."

"...Ora il dovere mi chiama, c'è qualcuno in arrivo e devo andare allo sportello.
Per il momento vi saluto e fatemi sapere l'esito della scuola...".

"...Questa volta parlerò degli abitanti del villaggio.
In prima linea viene la famiglia felina composta da: gatta madre, gatto padre (spesso via per affari) quattro figli gattini di pochi mesi. Per il fatto che sono rimasti un anno da soli hanno una gran paura e non si lasciano avvicinare.
Quando dal ristorante danno qualcosa da mangiare, la gatta lo prende tra i denti, passa davanti alla direzione facendo un breve inchino con la testa, poi sale su un grosso olivo che è al lato degli uffici e passa quindi sul terrazzo proprio sopra noi, dove ci sono i gattini che aspettano. Poi torna di nuovo e fa altri viaggi.
Seguono le formiche che in alcuni punti hanno perfino fatto un sentiero lungo decine di metri. Le formiche sono tante: decine, centinaia, migliaia. È uno spettacolo vederle.
I volatili sono presenti in forza con moscerini, mosche, zanzare e dei mosconi che quando sfrecciano fanno più rumore delle Frecce Tricolori.
Ci sono tanti uccellini strani che cinguettano sugli alberi. Incominciano alle tre del mattino e finiscono a mezzanotte. Non sono mai stanchi. Hanno voce da tenore, baritono, basso, alto, contralto, ecc.
Altri ospiti sono le lucertole. Ce ne sono di tutti i colori, nere, gialle, verdi, azzurre, che entrano dappertutto, in ufficio, negli stipiti delle finestre. L'altra sera ne avevo una in camera sulla coperta che russava beatamente. In più ti entrano negli zoccoli intanto che cammini e ti danno una leccatina al pollice sinistro.
Un ospite strano è un bruco, che di giorno non si vede, ma di sera ha la testa fosforescente azzurra che sembra un faro di un campo d'aviazione. Sembra quasi un marzianino. Dovrebbe andare d'accordo con Alessandro (che tu affettuosamente chiamavi spesso con tale epiteto, in riferimento ai diversi elettroencefalogramma a cui, essendo nato prematuro, nei primi anni di vita era stato sottoposto).

L'alta nobiltà è rappresentata dalle bisce, piccole di circa un metro e mezzo. Dico nobiltà perché si rizzano in piedi a metà, col collo diritto come quello di un cigno e ballano. C'è attualmente un canaletto da dove esce l'acqua per una rottura e allora queste stupende bestioline vanno all'abbeveraggio come fanno i leoni. Poi sembra ci sia, ma io per la verità non ho ancora avuto il privilegio di vederle, qualche viperettina..."

"...Paola chiede cosa faccio tutto il giorno.
Dunque, mi alzo generalmente verso le 8.00 del mattino, faccio la colazione, vado un dieci minuti in ufficio, poi scendo in spiaggia, girovagando prima per il villaggio e guardando se trovo qualcosa che non va.
In spiaggia mi seggo su una sdraio e riposo per circa un'oretta. L'unica cosa è che non mi sono ancora messo in mutandine da bagno (il tuo modo di definire il costume) ed allora il bagno lo faccio di sudore.
Verso le 11.30 torno in ufficio e tiro le 13, ora in cui c'è la seconda colazione. Dopo di che vado in camera e dormo fino alle quattro. Vado di nuovo in ufficio per un'ora poi torno in camera a fare un altro riposino di tre quarti d'ora e poi cerco di stare un po' in ufficio o con la gente a contarla su (altra tua tipica espressione).
Alle 8 c'è la cena e poi si gioca a ping pong e si assiste all'animazione serale che dura fino alle 11.30. Dato che sono l'ultimo ad andare a letto, quando riesco ad infilarmi tra le lenzuola è l'una. Questa è la triste giornata di uno sfaticato...".

"...In questi giorni la segretaria è a Milano e sono qui tutto solo soletto a far andare avanti la baracca ..."
(un altro dei tuoi modi di dire).

In alcuni passi scrivevi qualcosa anche del resto del personale che lavorava presso il villaggio o di aspetti che riguardavano le autorità e le figure più importanti di Marina di Camerota, con cui, data la tua posizione di direttore,

dovevi mantenere diplomatici rapporti.
Descrivevi anche, con molta umiltà e con estremo imbarazzo, le attenzioni che ti venivano riservate, in virtù del ruolo che rivestivi.

Ad esempio:

"...Tutti ti chiamano Dottore ed i privilegi sono molti..."

"...Un po' ancora e vanno a dormire anche per me...mi sembra di essere un maragià. Non vorrei sbagliarmi ma penso di essere già ingrassato di almeno un paio di chili. Le pillole non le prendo quasi più..." (Eri all'epoca già sottoposto a terapia per il Diabete).

Ma poi, i tuoi pensieri tornavano a noi:

"...Ed ora, come va la scuola? Siamo alle ultime battute, vero? Ancora uno sforzo e poi quel che è stato è stato. Il villaggio vi attende per fare un po' di compiti..."

"...Non ho dubbi che stiate tutti bene, perché siete nelle buone mani di mamma Angela..."

"...Mi auguro che non facciate diventare matta la mamma con le vostre intemperanze (in realtà eravamo bravissimi!). Ha diritto anche lei di stare un po' tranquilla..."

"...Così ogni tanto ve ne andate a spasso. Uno va al mare, gli altri al lago e il povero Merlino (come scrivevo prima, uno degli affettuosi soprannomi che ti avevo dato io) qui a lavorare..."

"...Paola come al solito sarà presa dai suoi molteplici impegni, latino, pianoforte, amiche e via dicendo, per non parlare del problema giornaliero del vestiario, perché non sa mai cosa mettersi..."

"...A Paola che è prossima agli esami (di Terza Media) faccio i miei migliori auguri e dico di non prendersela troppo perché è una cosa da poco. Non vale la pena pensarci troppo..."

"...Paola è sotto l'incubo degli esami ma quando riceverà questa lettera forse avrà già finito tutto. Non ci sono dubbi che sarà promossa, perché ha studiato tutto l'anno..."

"...Nel giorno di S. Paola (29 giugno), scrivo l'ultima lettera prima della vostra partenza. Per prima cosa faccio gli auguri a Paoletta che, nel frattempo, ha finito i suoi esami e certamente dirà che non valeva la pena di studiare così tanto e pensarci molto per poi aver trovato tutto così facile. O mi sbaglio?.."

Altri affettuosi pensieri erano rivolti ai miei fratelli.
Ad esempio:

"...Cosa va a fare Stefano ancora alle 5 Terre? (come scrivevo prima, dove eravamo stati più volte, avendo trascorso diverse estati in un vicino luogo della Liguria). Non potete scegliere un'altra località che non conoscete, per esempio Portofino, Bellagio, Torino e via dicendo..."

"...Alessandro sarà sempre in giro in bicicletta a litigare magari con quelli delle giostre o a casa di qualche amichetto o amichetta ad una festa...".

Come già detto, ti mostravi anche premuroso e preoccupato per il viaggio che avremmo dovuto intraprendere da Milano per raggiungerti, in merito al quale ci fornivi precise istruzioni:

"*...Avete fatto bene a prenotare subito il viaggio, perché il personale che scende in treno in questi giorni la fa in piedi da Milano a Napoli e sì che siamo in stagione morta....*
Poiché la strada da Sapri a Marina di Camerota si snoda continuamente su e giù per le montagne per una quarantina di Km penso che non verrò a prendervi (in macchina, mezzo con cui tu avevi effettuato il viaggio da Milano). *Vi regolerete in questo modo: quando arrivate a Sapri, prenderete un taxi fino al villaggio. Costa circa 37 mila lire ma ne vale la pena in quanto ci sarà un certo recupero e la spesa sarà quasi come se venissi io.*
Se l'autista non sa dov'è il villaggio, quando si arriva a Marina di Camerota, bisogna prendere la strada per Palinuro ed a 3 Km da Marina c'è il villaggio Touring annunciato da cartelli gialli e da una bandiera del sodalizio sul pennone di ingresso.
Se per caso non riuscite a trovare un taxi, magari anche aspettando un po', allora c'è quest'altra soluzione." (a questo punto ti dilungavi in un'altra minuziosa indicazione su come raggiungere il villaggio con un pullman.)
"*...In caso di necessità potete sempre telefonare che allora vedrò di venire io con la macchina...*"

"*...Dite al taxista di andare adagio...*"

"*IMPORTANTE. Per il ritorno, tutti qui consigliano di fare direttamente il biglietto da Milano. Ospiti del villaggio dicono di aver fatto il viaggio in piedi... per cui vi conviene fare subito la prenotazione cuccette per il treno TRINACRIA N. 570 che parte da Sapri alle ore 20.35... L'importante è che venga fatto subito, altrimenti le cuccette non si trovano più.*"

Infine, scrivevi altre raccomandazioni e ti accomiatavi con affettuosi saluti, nell'attesa di rivederci:

"*...La vostra data di partenza si avvicina quindi tra poco saremo tutti riuniti...*"

"...Ricordatevi pure di non portare un sacco di roba, così non fate fatica con le valigie.
Qui c'è il sole dall'alba al tramonto e la roba asciuga subito.
Anche la testa, per cui non portate quella di scorta, basta quella che avete sulle spalle..."

"...Devo interrompere e allora vi saluto tutti con una tiratina sulla punta del naso.
Papà".

UN DOLORE ANTICO

Ti ricordi papà?

Di quella volta che Alessandro, allora adolescente, un'estate è partito con un compagno di scuola per una breve vacanza e, non avendo ad un certo punto più dato notizie di sé, tu, insieme al padre del suo amico, sei andato a cercarlo?

O di quando l'hai portato con te a Roma, a trovare Stefano, il quale in quella città stava effettuando l'allora obbligatorio Servizio Militare ed al ritorno vi siete fermati a visitare Firenze?

I miei due fratelli probabilmente non lo sanno, ma durante i loro rispettivi anni di "Militare", tu era come se diventassi matto. Eri dispiaciuto di non averli a casa con te, eri costantemente in apprensione ed il tuo pensiero era sempre rivolto a loro. Così, in virtù della persona estremamente responsabile che sei stato, facevi in modo che fossero provvisti, prima di tutto, di soldi, ma anche di contatti, di visite, di attenzioni e di affetto.

E ricordi di quando, alla sera, andavi ad accompagnare Stefano, il quale, da ragazzino, effettuava degli allenamenti di football americano?

Oppure venivi a recuperare me, a mia volta ragazza, impegnata in un corso serale presso la Croce Rossa Italiana, dove per qualche tempo ho poi operato come Volontaria del Soccorso?

O di quella volta che, venendomi a trovare in ospedale dove, sempre da ragazzina, ero stata ricoverata per un intervento di appendicectomia, mi hai portato *"Giovannino"*, il peluche che da bambina preferivo?

O anche dell'episodio in cui, per un momento di distrazione, un giorno, all'uscita dal liceo, sono stata investita da una moto? Dev'essere stato un altro grande spavento, per te, questo fatto. Alessandro mi aveva raccontato che quando un conoscente presente all'evento aveva telefona-

to a casa per avvisarvi, a te, alla notizia, è sfuggita dalle mani la forchetta, con cui stavi pranzando.
O ancora, ricordi di quel giorno in cui, in vacanza in Liguria, durante gli anni del liceo mi hai accompagnata in una delle città vicine a dove soggiornavamo per regalarmi uno *"Swatch"*, marca di orologi che in quel momento rappresentava uno status symbol tra gli adolescenti e che anch'io, pur non seguendo affatto le mode del momento, desideravo tanto?
O di quando siamo andati insieme a comprare una sdraio per prendere il sole sul balcone, ma, soprattutto, la mia bellissima bicicletta bianca, quella con cui, per tanto tempo, sono andata in giro per Milano?
Oltre a questo dono, graditissimo, molto tempo prima, da bambina, ne ho ricevuto un altro, estremamente prezioso da te e dalla mamma: il mio pianoforte, papà, che immagino con enormi sacrifici, data la nostra famiglia numerosa ed il fatto che all'epoca lavorassi solo tu, mi avevate regalato, avendo io da poco iniziato a prendere lezioni private, per imparare a suonarlo. È stata una grande sorpresa: un giorno, tornando da scuola (frequentavo ancora le Elementari), esso era là, bello, lucido, di legno antico, di una calda tonalità di marrone e completato da uno splendido sgabello. Non me lo aspettavo. È stato davvero un "regalone", non soltanto per il suo indiscusso valore economico, ma anche perché mi ha fatto sentire coccolata, protetta nella tranquillità e negli affetti familiari, vista, compresa, assecondata nei miei interessi e, in definitiva, aiutata a trovare la mia strada ed a crescere.
«*Io lo vendo, il pianoforte!!*», dicevi tu a volte, quando, durante gli anni del liceo, ne ho ad un certo punto lasciato lo studio.
C'è stato un periodo in cui Alessandro era quasi riuscito a convincerti a procedere, in modo che, con il ricavato della vendita, potessi comprare a lui il tanto desiderato motorino. Ero rimasta molto male per questo; è vero, il

pianoforte era là a far nulla, ormai; per me, però, aveva un valore inestimabile, in quanto rappresentava non soltanto una parte del mio percorso di vita, ma anche una manifestazione improvvisa e del tutto inaspettata del profondo amore che tu e la mamma nutrivate nei miei confronti.

Avevo allora minacciato di andarmene di casa insieme allo strumento musicale, se quest'ultimo fosse stato realmente e per me molto tristemente "barattato" per un motorino. Per fortuna ciò non è avvenuto. Ad un certo punto hai abbandonato l'idea di venderlo ed il pianoforte, a distanza di anni, è ancora lì, papà, nel bel salotto di casa tua e della mamma, completamente scordato ed inutilizzato, a rappresentare però un fondamentale e prezioso tassello della nostra storia familiare.

E ricordi di quando, già da ragazza, avevo cambiato regime alimentare diventando vegetariana e tu, non comprendendo e giudicando la mia scelta come una stranezza, pensavi che qualcuno mi avesse in tal senso irrimediabilmente traviata?

O anche di quando, prima che partissi per Venezia, dove per qualche tempo ho vissuto per frequentare un po' l'Università di Padova presso cui studiavo, mi hai regalato un walkman, in modo da poter registrare le lezioni?

C'eri indubbiamente per le cose essenziali, nelle difficoltà quotidiane e nelle emergenze, oppure, di tanto in tanto, attraverso piccoli gesti o regali inaspettati, quando io, Stefano ed Alessandro, eravamo ragazzi, papà.

Per il resto, però, almeno per quanto mi riguarda, è stato come se il mio progressivo crescere e diventare sempre più una persona a sé stante, con una sua individualità, con soggettive esigenze, aspirazioni, progetti, con il proprio bisogno di autonomia, di indipendenza, di apertura e di libertà, sia stato direttamente proporzionale al tuo divenire rigido, intransigente, chiuso, severo e, a volte, anche molto duro. Era come se il fatto di diventare grande e adulta, in grado di cavarmela da sola e con sempre meno

bisogno di te, lo vivessi come un torto, un dispetto nei tuoi confronti, un qualcosa da cui doverti difendere.
Forse, come consideravo già prima, si trattava di una manifestazione d'affetto o la paura di lasciarmi andare verso tutte le incertezze, le difficoltà e le insidie del mondo.
O forse, di fronte a chi, ormai, non era più bambino ma adulto come te, si attivava inevitabilmente il confronto, che ti portava a trovarti a tu per tu ed a fare i conti con aspetti fino a quel momento messi da parte o negati. Con ciò che magari avresti potuto essere e non sei stato, che avresti potuto fare e non hai fatto, a causa non soltanto di eventi o fattori esterni, ma, probabilmente, anche per scarsa autostima, poca ambizione, insicurezza, ansia, paura. Di fronte alla consapevolezza di tutto questo, è stato allora come se ti sentissi inadeguato e, per tale motivo, respinto da chi, come me, ti aveva avuto fino a quel momento come unico riferimento, mentre ora, crescendo, ne avrebbe trovati altri, forse più interessanti e migliori di te. Per questo, secondo me, reagivi con tanta intransigenza e durezza, a volte.
Quanti scontri abbiamo avuto io e te, papà, da quegli anni in poi?
Discussioni accese e litigate, per le questioni più varie, in merito alle quali ognuno di noi due voleva tenere testa all'altro e non cedeva di tanto così, nel cercare un punto di contatto, favorendo in tal modo la strada della mediazione e della conciliazione.
Forse, essendo molto affini per indole, interessi, orgoglio, testardaggine ma anche per sensibilità e bisogno di affetto, cercavamo reciprocamente ascolto, comprensione e conforto.
Io, da parte mia, volevo anche spazio ed autonomia, mentre tu, abituato com'eri a fare ciò che volevi, non accettavi minimamente che qualcun altro imponesse la propria volontà.
A modo tuo, però, a volte eri anche comprensivo. Smet-

tevi di sentirti attaccato dal mio "essere" e di opporti ad esso per difenderti, accorgendoti che, sebbene diventata ormai grande, avevo comunque sempre bisogno di una guida, di un appoggio, di un riferimento, di te, che eri il mio papà.
Eri un po' geloso delle mie amicizie e dei miei primi amori. Ricordo però che quando ho avuto un insuccesso scolastico ed una delusione sentimentale, ci sei stato. Sei tornato a fare il papà. Mi hai parlato, in quelle circostanze, dicendomi che, sebbene al momento potessero sembrarmi problemi enormi, gli stessi eventi, con il tempo e comunque nell'arco di una vita, non avrebbero avuto più alcun significato. Mi hai inoltre spronato a reagire, perché, avevi concluso: «*Tu sai reagire!!*».
Durante i miei anni di Università, come tanto tempo prima avevi fatto tu, hai lasciato, è vero, che contemporaneamente lavorassi e questo perché ritenevi che fosse soltanto una mia scelta, il fatto di laurearmi. Riconosco che la motivazione di ciò fosse anche economica, dal momento che non c'erano solo le mie esigenze, ma anche quelle dei miei fratelli.
Secondo me, però, non era solo questo. Credo che tu abbia vissuto anche i miei studi universitari come un'ulteriore minaccia, un fattore che mi avrebbe inevitabilmente portato a conoscere qualcosa di nuovo e ad allontanarmi ancora di più da te. Un altro attacco, da cui ti dovevi difendere.
Questo tuo atteggiamento così rigido, anche nei confronti dei miei studi, mi faceva sentire un po' in colpa, come se stessi facendo qualcosa a te non gradito, qualcosa di sbagliato, come se dovessi continuare in sordina o di nascosto, senza attirare troppo l'attenzione.
Però, anche se soltanto in rare occasioni lo hai dimostrato, in realtà, a modo tuo mi vedevi, mi apprezzavi ed eri anche fiero, di me.
Una volta, dopo che in un mese e mezzo avevo dato tre

esami all'Università ed avevo poi iniziato un lungo ed ininterrotto periodo di lavoro, mi avevi detto: «*Riposati un po', adesso... hai fatto una gran tirata... sei stata brava...*».

Un'altra volta, poco prima della laurea, avevi pensato di farmi fare due chiacchiere con una psicologa che operava presso il settore del Comune di Milano dove tu, dopo la pensione, per qualche tempo sei stato volontario. Questa persona, inaspettatamente, ad un certo punto mi aveva detto: «*Tuo papà è molto orgoglioso di te...*».

Dopo che mi sono laureata, Simona, la mia amica-sorella presente come te e la mamma alla discussione della tesi, mi ha riportato queste parole: «*Mentre tu parlavi davanti alla Commissione, a tuo papà brillavano gli occhi per la commozione e l'orgoglio...*».

Non me le hai mai dette queste cose, papà.

Durante la mia giovinezza ed i miei studi universitari, il più delle volte sei stato chiuso, silenzioso, cupo, scontroso, facilmente irascibile, probabilmente avvinghiato nelle pastoie dei tuoi pensieri, dei tuoi vissuti, delle tue insicurezze, delle tue ansie, delle tue paure.

E ciò, oltre alle motivazioni che ti portavano a sentirti attaccato dalla progressiva indipendenza mia e dei miei fratelli, era a mio avviso dovuto anche ad altro.

Secondo me, lento ma implacabile, a quei tempi era già iniziato il conto alla rovescia.

Stavi già male, allora.

Fino a quel momento, dopo la tragedia capitata anni prima a te, ai nonni, agli zii, il tuo percorso di vita era stato caratterizzato dalla necessità di essere forte, di essere uomo, di assumerti le responsabilità del lavoro, di fungere da riferimento per la famiglia e per i tuoi tre figli, di nascondere e di mettere a tacere, quando a volte si faceva sentire in tutta la sua acutezza, il male che provavi per quello che era successo.

Ma ad un certo punto, a mio avviso, non ce l'hai fatta più.

A cinquantaquattro anni, non ne ho mai capito bene il

motivo, hai lasciato il tuo lavoro alla Nestlé e sei andato in pensione. Certo, poi hai continuato ancora per qualche tempo, effettuando da libero professionista alcune consulenze aziendali, ma dal ruolo di uomo adulto, impegnato, che produce e che lavora, ne eri ormai uscito con il pensionamento.

E ciò ha favorito lo sviluppo di un marcato disagio psicologico, caratterizzato sia dalle preoccupazioni e dallo stress per le sempre crescenti esigenze familiari sia da una progressiva chiusura in te, un isolamento che è stato l'inizio della fine, soprattutto da quando, qualche anno dopo, hai smesso anche con le consulenze ed il tuo percorso professionale si è definitivamente concluso.

Tempo dopo, riferendoti al momento in cui hai lasciato il tuo lavoro di sempre, mi hai detto che si era trattato di una fase *"di profonda depressione"*.

Probabilmente, ad un certo punto, qualcosa si è inceppato.

Dopo tanto "combattere", le forze per lottare e per andare avanti, per "esserci" nonostante tutto, non solo per te ma anche per gli altri, sono venute meno.

Una grande stanchezza ti ha assalito. Ed essendo più debole tu, prepotente e spietato è riemerso il male.

Quel cancro, derivato dalla tragedia occorsa, con cui fino a quel momento eri riuscito a convivere, approfittando di questa tua fase di "crisi", di fragilità e di vulnerabilità, sommandosi alle preoccupazioni familiari ha iniziato a diventare più fastidioso ed insidioso, ad aprirsi un varco e ad espandersi, intaccando ed avvelenando sempre di più i tuoi pensieri, le tue emozioni, i tuoi affetti. Fino ad impossessarsi completamente di te e lasciandoti come difesa soltanto la via di fuga, che hai trovato attraverso la malattia degli ultimi anni.

È stato un crescendo, lento ma inesorabile.

Quando ciò è iniziato, avevi tre figli ancora adolescenti e, poi, ragazzi, che stavano cercando la propria strada e che,

per diventare grandi, necessitavano della tua guida e del tuo aiuto.
Ma in quel momento, anche tu avevi probabilmente un gran bisogno.
Di essere ascoltato, compreso, sorretto, stimolato ed aiutato, per riuscire a trovare le forze necessarie ad arginare il male che, sempre più acuto, urlava, dentro di te.
Non è stato possibile, papà.
C'erano troppe questioni e necessità quotidiane di tutti noi, a cui pensare. La mamma era al tuo fianco, ma per la gestione di tanti aspetti pratici che riguardavano la famiglia, mentre noi figli eravamo concentrati sul nostro percorso.
Tu stesso, per pudore, per orgoglio o perché era uno star male che, non essendo fisico, non capivi, lo respingevi e lo negavi, anche per la tua indole avvezza a portare pesi, in silenzio.
Te lo sei quindi tenuto dentro, come un disagio sempre più crescente, che non potevi permetterti di esprimere.
E mentre esso diventava sempre più forte, prepotente e spietato, tu, progressivamente, ti indebolivi, cedevi alle sue sferzate, lo lasciavi crescere e spadroneggiare.
Fino a che ti ha vinto.
Quando, tempo dopo, ce ne siamo accorti, era già troppo tardi.
L'ordigno era esploso. La devastazione era compiuta.
Tu, attraverso la malattia, eri già lontano da noi, da te stesso, da quello che era successo, dal male che ti avevano fatto, dalla tua storia di uomo inesorabilmente ferito, dalle cure, dal conforto e dalla guarigione di cui avresti avuto un gran bisogno ma che, purtroppo, non ci sono mai state.
Anche per questo, secondo me, quando eravamo ragazzi non ce la facevi sempre a starci dietro, papà.
Il fardello di dolore che da anni ti portavi dentro, stava forse già all'epoca diventando troppo pesante.

ROTOLI GIÙ

«*Cosa metto su?*»...«*Io esco, chiudete qui*».
Queste frasi, da quando hai smesso definitivamente di lavorare, le hai pronunciate quotidianamente per anni, papà.
Dapprima, per il vestiario, ti affidavi alla mamma, un po' per il suo indiscutibile buon gusto, un po' a causa del tuo totale disinteresse, per questi aspetti della vita.
Poi uscivi per le tue passeggiate, finalizzate principalmente al poter fumare in santa pace, dato che tua moglie non voleva che lo facessi in casa, raccomandandoci anche di chiudere bene la porta, per proteggerci da eventuali malintenzionati che, durante la tua assenza, sarebbero potuti venire ad infastidirci.
Mi sembra ancora di vederti... una volta vestito, appoggiato al tavolo del salotto sistemavi il borsello, dove custodivi tutte le cose per te essenziali: i documenti d'identità, una rubrica con annotati i principali numeri di telefono, qualche soldo, le chiavi di casa e, ovviamente, l'accendino e le sigarette.
Nel periodo della dichiarazione dei redditi che compilavi tu anche per altri familiari e che ogni anno favoriva l'insorgenza di una fase in cui la tua ansia ed ossessività raggiungevano livelli davvero patologici, le uscite avevano, oltre a quello di fumare, un altro preciso scopo: fare le fotocopie.
Penso che le cartolerie nelle vicinanze di casa, dove veniva erogato tale servizio, abbiano potuto mantenere la propria attività grazie al contributo dell'affezionatissimo cliente rappresentato da te e che, quando non hai più potuto servirti da loro, abbiano enormemente sofferto la tua mancanza, se non addirittura rischiato il fallimento.
Non sto scherzando né esagerando: noi familiari lo sappiamo bene.
Quante fotocopie avrai fatto nella tua vita, papà? Per ogni

documento che maneggiavi (ed erano tanti!!) ne producevi almeno tre, che poi, meticolosamente, riponevi nelle tue ordinatissime cartellette.
Trascorrevi ore, con la testa china sui tuoi documenti, dai quali, di solito a metà pomeriggio, "risorgevi" dicendo: «*Adesso esco... sono rotto...*» e facevi una pausa, con una salutare passeggiata all'aperto.
Appena rientrato però, da quella persona caparbia e tenace che sei sempre stato, ritornavi alle carte, fino all'ora di cena ed anche oltre.
Parecchio tempo lo dedicavi anche all'amministrazione della casa, confrontandoti spesso con altri condomini, in particolare con il signor G., il tuo vicino. Lui e la moglie sono vissuti nell'appartamento attiguo per più di quarant'anni e, insieme al loro figlio, sono un po' di "famiglia", per tutti noi. Sono due persone alle quali voglio molto bene e che, avendomi vista crescere, considero un po' come "secondi genitori".
C'era molto affetto anche tra voi: quando, dopo la tua morte fisica, è venuto all'obitorio dell'ospedale dove ti avevano portato, il sig. G., vedendoti, ti ha detto commosso: «*Ti ricordi Augusto, quante belle chiacchierate si facevano?*».
Un ottimo rapporto lo avevi creato anche con F., un amico di Stefano che da anni è il consulente finanziario tuo e della mamma, per l'investimento di qualche risparmio. Quando eri ricoverato, F., una volta, venuto a casa vostra per sbrigare alcune pratiche, aveva commentato con tristezza: «*Eh, però... il caffè con lui al bar, manca, adesso...*».
Anch'egli è venuto a salutarti in obitorio ed è stato una delle prime persone che mi ha chiamato per le condoglianze, ricordando quanto, nonostante la differenza di età, foste legati l'uno all'altro. In effetti, F. era una delle poche persone con cui parlavi, anche delle tue preoccupazioni riguardanti i soldi e le tasse; ti fidavi di lui, che ti ascoltava e, probabilmente, più di altri ti capiva.
Ti eri inserito molto bene anche quando avevi svolto l'at-

tività di volontariato presso il Comune di Milano, dove ti occupavi di riordinare l'archivio dati, dando altresì una mano per la gestione degli aspetti amministrativi; ti dedicavi infatti con la consueta tenacia e serietà ai compiti che ti erano stati assegnati ed andavi d'accordo con tutte le persone che lì operavano, le quali, per lavoro, io ho in seguito avuto modo di conoscere, constatando quanto, a propria volta, ti stimassero e ti fossero affezionate.

Ma come scrivevo prima, intorno al 2010-2011, con i primi malori, sincopi ed ischemie cerebrali, tutto è precipitato, si è accavallato ed inceppato.

Sai come quando si cade, rotolando giù per una ripida discesa?

Si vede allora quello che c'è intorno come su piani sovrapposti, incastrati, confusi, non riuscendo più a distinguere dove ne inizi uno e dove finisca l'altro, perdendo così la percezione precisa dei confini, delle forme, dei colori, fino a smarrire del tutto la consapevolezza di che cosa in realtà si tratti.

Progressivamente, la tua ideazione e produzione verbale hanno iniziato a non essere più lineari, organiche ed adeguate. Hai incominciato a perderti nei meandri di discorsi sempre più senza capo né coda, utilizzando quelle che vengono definite in termini tecnici *"espressioni e parole passe-partout"*, quali ad esempio: *"la roba"*, *"la cosa"* *"e via dicendo..."*.

Ad incistarti nei tuoi pensieri e nelle tue abitudini. Ad esempio, trascorrevi intere giornate, ma anche serate o nottate, sulle tue carte, di cui, però, progressivamente hai perso cognizione, limitandoti quindi a sfogliarle senza capire, in un incessante, logorante, ossessivo e straziante rituale.

Ripetevi mille volte le stesse cose, come la lettura di alcuni documenti, quali la carta d'identità o la tessera di abbonamento del tram: andavi dalla mamma e leggevi ad alta voce ciò che vi era scritto, una, due, tre, quattro ed anche venti volte al giorno.

Non sapevi più fare le cose abituali né riconoscere i luoghi familiari:

«*Questo dove lo metto?*»

«*Al solito posto*»

«*E dov'è il solito posto?*», avevi chiesto un giorno completamente smarrito alla mamma, mentre tenevi in mano il barattolo del caffè, che infinite volte avevi riposto nel pensile della cucina, dove è sempre stato.

O anche, avendo appuntamento con la mamma davanti al supermercato, aspettavi di fronte alla banca, oppure, una volta fatta la spesa settimanale, confuso e preoccupato, chiedevi a tua moglie se non fosse necessario presentare alle casse qualche modulo o documento, gesto che tante volte avevi compiuto presso gli sportelli bancari, per eseguire talune operazioni.

Non capivi a cosa servissero gli oggetti, per cui, anche in questo caso più volte consecutive, svuotavi i tuoi cassetti di tutto il contenuto, che offrivi poi in dono ai presenti.

E ciò era il dramma nel dramma, perché, molto spesso, quelle che estraevi erano cianfrusaglie o cose di cui, il destinatario del tuo regalo, non aveva per niente bisogno.

È successo una volta anche con me, quando mi hai chiesto se mi potessero essere utili degli occhiali di cartoncino colorato per la lettura 3D, che avevi trovato in omaggio in una rivista e che avevi conservato, come se si trattasse di qualcosa di prezioso.

Progressivamente, diventavi sempre più chiuso, silenzioso, astioso, facilmente irascibile, sospettoso, con pensieri persecutori. Dicevi, ad esempio, che ti rubavamo le penne rosse.

Non mangiavi più.

Ti opponevi con violenza a noi, che, accorgendoci del tuo crescente star male, ti invitavamo ad andare dal medico. Rispondevi, allora, alterato: «*Io sto benissimo, andateci voi!!*».

Fino a che ci siamo rivolti al Centro Geriatrico del Policlinico di Milano, presso il quale, prima del ricovero in RSA, sei stato seguito attraverso controlli periodici per alcuni anni.

SETTEMBRE 2012:
LA GRANDE BATOSTA

«*Pronto?*»
«*Sì, pronto, ciao Paola... ho chiamato il 118 perché papà, mentre mangiava, si è accasciato sul piatto*».
«*Va bene mamma, fammi sapere dove lo portano, che vengo lì*».
Sono le 12.00 passate di un giorno feriale.
Già stamattina la mamma mi ha detto che sei caduto, mentre ti trovavi in bagno.
Due volte nello stesso giorno, però, mi sembra un po' troppo.
Sono preoccupata.
Con un giro di messaggi avviso Stefano ed Alessandro e, in breve tempo, raggiungiamo te e la mamma al Pronto Soccorso del Policlinico di Milano, dove sei stato trasportato in ambulanza.
Vi troviamo al triage. Tu sei seduto su una sedia della sala d'attesa.
Sei confuso, ma vigile.
In questa fase, sebbene già da un po' sia iniziato il decadimento cognitivo, parzialmente collabori e ci riconosci ancora. Non so se anche gli altri se ne siano accorti ma quando ci hai visto tutti lì, accorsi per te, ti si sono inumiditi gli occhi. Ti sei commosso.
Non parli molto. Ci vuole del tempo prima che ti visitino.
La diagnosi è: "*SINCOPE E COLLASSO*".
Hai 84 anni. Sei stato male. Sei debole, per ciò che ti è successo e perché, alla fine, non hai mangiato. Oltretutto, a causa del Diabete, non ti fa bene saltare i pasti.
Eppure, una volta dimesso ti alzi in piedi e, con il tuo piglio risoluto, esclami: «*Io vado a casa in tram!!*».
Ci vuole un po,' per convincerti che non è proprio il caso.
Se le tue condizioni di salute fossero meno serie, quello che hai appena detto, date le circostanze, potrebbe anche

essere divertente. Colgo l'assurdità della tua esclamazione ma percepisco chiaramente, ed in seguito i fatti mi daranno ragione, che, da adesso in poi, sarà sempre più difficile e faticoso starti dietro. Che diventerà sempre più una lotta, interagire con te. Che il quadro clinico si sta sempre più aggravando.

Io non so cosa ti abbia fatto stare così male, quel giorno, papà: se l'età, il Diabete, i problemi cardiocircolatori, qualche forte emozione come quelle legate alla tua famiglia d'origine o, forse, tutte queste cose insieme.

E non so neanche se sia stato proprio da qui.

So solo che, alla luce di ciò che ne è seguito, gli eventi di quella giornata devono aver avuto l'effetto di una *"Grande Batosta"*.

Perché subito dopo, la malattia, che fino a quel momento procedeva in maniera mediamente lenta, è rapidamente, significativamente ed inesorabilmente peggiorata.

Nel giro di pochi mesi, hai perso completamente le funzioni cognitive, la tua storia e te stesso.

Con le drammatiche manifestazioni della patologia che si sono presentate nel periodo 2012-2014 e che ora descriverò.

DOVE SEI?

«*Cavolo. Solo la pioggia ci manca, oggi*».
Apro l'ombrello ed esco dal cancello di casa tua e della mamma.
Mi fermo sul marciapiede e, perplessa, mi volto, guardando prima a destra e poi a sinistra.
«*Da che parte sarai andato, adesso?*».
Ti sto venendo a cercare, papà.
Nel primo pomeriggio, come tua abitudine, hai deciso di uscire, per passeggiare e fumare di nascosto.
Noi però siamo preoccupati.
Ormai sei disorientato spazio-temporalmente, cammini male, perché hai problemi di deambulazione e, in più, a volte ti vengono le sincopi.
Non è proprio il caso di lasciarti andare in giro da solo e nessuno di noi, in questo frangente, può venire con te.
Per la verità, al momento ci siamo solo io e la mamma.
Tu, come del resto hai sempre fatto, non hai voluto sentir ragioni.
Se già prima facevi ciò che ti pareva, adesso proprio non collabori minimamente. Non sei più in grado di comprendere che è rischioso uscire da solo, non hai più un senso del pericolo e sei sempre meno responsabile, nei confronti di te stesso ma anche degli altri. Non capisci che ci crei dei problemi e che ci fai stare male, se ti comporti così.
Alle nostre argomentazioni sui possibili rischi che corri, rispondi: «*E perché?*».
Oppure, ad ogni tentativo di dissuaderti, le tue reazioni diventano brusche ed aggressive.
Rispondi, incattivito ed alzando la voce: «*Non sono un bambino! Ho ottant'anni e so io quello che devo fare!!!*».
A volte, se sei particolarmente agitato, non solo per la malattia ma anche per la glicemia che a causa del Diabete si alza, quando vieni contraddetto afferri le sedie per lo schienale e le sbatti a terra violentemente, oppure butti

all'aria fogli o altri oggetti che hai in mano o che trovi per casa.
Dopodiché, prendi la porta e vai.
La mamma in questi casi piange, per l'impotenza, la stanchezza e l'immenso dispiacere.
Io sento l'ansia che mi sale dallo stomaco alla gola.
Mi sforzo di stare calma, per non peggiorare la situazione.
Visto che il pensiero logico non funziona, cerco altre strade, per dissuaderti dalle tue intenzioni.
Una volta sono riuscita a distrarti, come si fa con i bambini quando sono capricciosi. Ma ce n'è voluta.
Ho dovuto utilizzare tutta la pazienza e l'astuzia che potevo, cercando, senza farti agitare, di attirare la tua attenzione su qualcosa di diverso, rispetto al fatto di uscire. Ti ho chiesto aiuto, fingendo di aver bisogno di te, per guardare alcuni documenti nel tentativo di riagganciarti alle cose di cui, una volta, con tanta solerzia ti occupavi tu.
Alla fine sono riuscita ma a convincerti deve essere stato l'atteggiamento tranquillo e rassicurante che ho manifestato, perché, ormai, dei documenti non poteva proprio importarti di meno.
Non eri già più in grado di comprenderne il significato né di prestare un'attenzione sostenuta alle cose, alle situazioni ed alle persone.
Tuttavia, in quell'occasione sei rimasto a casa.
Invece, questa volta, no.
Ed io non sono per niente tranquilla.
Non temo solo che tu possa cadere o farti male. Ho anche paura che ti perda, chissà dove, che un' automobile o un altro mezzo di locomozione ti investa, che qualche malintenzionato approfitti di te e della tua confusione, magari scippandoti o aggredendoti.
Quando te ne vai così, senza che si possa fare nulla per trattenerti, mi aspetto da un momento all'altro uno squillo di telefono, di qualcuno che ci avverte che ti hanno trova-

to sulla strada, ferito, confuso, privo di sensi, o, addirittura, deceduto.
Per questo, chiedo sempre alla mamma: «*Ma ha preso i documenti? Ha un recapito di casa?*», in modo che, non potendolo fare tu, qualcun altro possa identificarti ed avvisarci, nel caso ti fosse capitato qualcosa.
Per la verità, mi aspetto anche che qualcuno ci riprenda, che ci siano delle conseguenze penali.
Mi sento in colpa. Mi sembra di non tutelarti a sufficienza.
È come se udissi una voce esterna che, severa, ci rimprovera dicendo: «*Ma voi lasciate andare in giro quest'uomo da solo, nelle condizioni in cui è?*».
Il fatto è che, a volte, non è proprio possibile evitarlo. Tu, se vuoi uscire, alla fine vai, noi, non sempre possiamo venire con te e inoltre, spesso, proprio non ci vuoi. Preferisci andare da solo.
Si tratta di un comportamento appreso quando stavi bene, perché così puoi fumare in santa pace.
Ti abbiamo anche comprato un cellulare con il tasto salvavita, ma all'epoca dell'acquisto il deterioramento cognitivo era già talmente avanzato, da renderti impossibile comprendere come avresti dovuto utilizzarlo.
Comunque, e questo è l'ennesimo mistero legato alla tua malattia, alla fine a casa sei sempre tornato.
Da solo.
Io mi chiedevo: «*Ma come caspita fa? È disorientato; non ricorda più nulla; non riconosce più né i luoghi né le persone familiari. E allora, come ritrova la strada di casa?*».
Non l'ho mai capito, papà. Mai.
Una volta, per la verità, hai raccontato, in maniera completamente disorganizzata, confusa e, a causa di uno dei sintomi caratteristici della malattia, con estrema difficoltà nel trovare le parole (word finding), che qualcuno ti aveva accompagnato.
Sei tornato con il viso sanguinante.
Nello stesso modo, frammentato ed incomprensibile, alle

nostre domande su cosa fosse successo, hai provato a raccontarci che c'era un cane, che forse ti aveva fatto inciampare, che eri caduto, che chi era presente voleva chiamare l'ambulanza e che, alla fine, una persona ti aveva portato fino a casa.
Tornando ad adesso...esco e ti vengo a cercare.
Dopo aver riflettuto un attimo, mi dirigo prima a destra, verso la fermata dell'autobus, che a volte prendi.
Ma spesso sali invece sul tram, che ferma dalla parte opposta.
E se ora sei su uno di questi mezzi, siamo a posto. Chissà dove sei finito.
Una volta è capitato: sei uscito e non tornavi più.
«*L'ho visto passare, seduto sul tram che andava verso casa... era davanti...*»
«*Ma ti ha riconosciuto?*»
«*Non so... io l'ho salutato, lui ha ricambiato e mi ha sorriso...*».
Questo è ciò che quella volta sono riuscita a sapere da Alessio, il maggiore dei tuoi nipoti, il quale, allora diciassettenne, era venuto a cercarti.
Nevicava, Ale si è bagnato tutto ma, alla fine, ti ha trovato.
Anche se apparentemente tranquillo, deve aver provato un enorme dispiacere, per come ormai eri ridotto.
Quella volta comunque siete tornati. E invece, adesso, chissà dove sei.
Inizio a camminare. Alla fermata dell'autobus non ti vedo.
Vago senza sapere bene dove andare. Non ho un criterio.
Mi muovo più che altro d'istinto.
L'avevo già fatto mesi fa, quando avevo intuito che il deterioramento stesse inesorabilmente avanzando e che non fosse più prudente lasciarti andare in giro da solo.
Era estate. Ti ho cercato sotto il sole a picco, poi, non trovandoti, ho desistito. Alla fine sei tornato.
Questa volta però stai molto peggio. La malattia si sta sempre più aggravando.
E adesso, potresti essere ovunque.

Spero mi venga l'intuizione giusta, che mi guidi verso di te.
Nel frattempo, avviso anche Stefano. Sia lui che Alessandro non sono a Milano, in questo momento.
Quindi, tocca a me.
Cerco di stare tranquilla e di "ascoltare", sperando di "sentirti" nelle vicinanze. E intanto, mi preparo emotivamente alla possibilità di dover assistere alle scene più drammatiche: mi aspetto di trovarti riverso e privo di conoscenza, sul ciglio della strada o in un prato.
Mentre cammino e ti cerco, stramaledico questa orribile malattia, che si porta via così l'autonomia e la dignità delle persone.
In termini tecnici, quello che stai facendo si chiama "Wandering", "Vagare".
È una delle alterazioni comportamentali tipiche della patologia, che porta chi ne è affetto ad "andare", apparentemente senza una meta ma, in realtà, senza ricordare dove si stesse dirigendo e, quel che è peggio, a causa del disorientamento che è anche temporale, indipendentemente dal momento, quindi anche di notte.
Per questo, gli ammalati devono essere controllati a vista.
E quando sono ricoverati in RSA, devono essere inseriti in Reparti Protetti, con finestre sbarrate e a cui si accede solo da porte che vengono chiuse ed aperte tramite codici.
Tu, con l'avanzare della malattia, vagavi in continuazione per casa, di giorno e di notte.
Ed una mattina, è capitata una delle vicende più drammatiche, tra tutte quelle che hanno caratterizzato la tua malattia.
All'alba ti sei alzato dal letto e, dopo esserti vestito, hai deciso di uscire.
Quando più tardi ho chiamato la mamma, per sapere come andava, lei, con un tono di voce mesto, mi ha detto: «*Succederà una tragedia, in questa casa...*».
Poi mi ha raccontato.

C'era anche Stefano, quella mattina, con voi. Hanno provato entrambi con le parole a dissuaderti. Ma niente da fare. Ti sei alterato, sei diventato aggressivo, hai persino minacciato di prendere un coltello e di aggredire il maggiore dei tuoi figli. Da allora, ho detto alla mamma di farli sparire tutti, i coltelli.

Comunque, visto che non c'era verso di farti cambiare idea, ad un certo punto Stefano, per proteggerti, ti ha preso dolcemente e, con fermezza, ti ha obbligato a sdraiarti sul letto.

Poi è uscito ed è andato al lavoro. Mi ha mandato un messaggio che diceva: «*Papà stamattina è particolarmente agitato...*».

La mamma nel frattempo ha chiamato il 118.

Era spaventata. Aveva bisogno di ascolto, di supporto e di aiuto.

Forse, scossa com'era per la vicenda, non si è spiegata bene, oppure, chi ha preso la telefonata non ha saputo o voluto capire.

Fatto sta, che la risposta è stata: «*Ma signora, ma lei chiama l'ambulanza perché suo marito vuole uscire di casa?*».

Ecco qua.

Questo è quello che spesso succede, quando le famiglie cercano aiuto all'esterno, nella gestione del congiunto affetto dall'orribile malattia.

Io penso che chi svolge un certo tipo di attività, debba andare oltre le parole, cogliere la gravità della situazione e comprendere l'impotenza, la disperazione e la vulnerabilità di chi la vive.

Chi come noi è passato attraverso questa esperienza, sa cosa sto dicendo.

Si è totalmente indifesi, di fronte alla violenza della patologia e lo si è ancora di più perché, molto spesso, intorno c'è il vuoto. All'esterno non si coglie, non si vede, non si capisce, spesso mancano i supporti e gli aiuti necessari.

Quindi alla fine si è soli, ad affrontare ed a reggere tutto il

peso di questo dramma.
Quella volta mi sono precipitata da voi, perché non mi fidavo a lasciare la mamma da sola, con te.
Tu eri arrabbiatissimo. Quando sembravi più calmo, abbiamo provato a parlarti. Sei sempre stato uno stramaledetto orgoglioso ed anche in questo caso facevi l'offeso, non ti scostavi di tanto così dalla tua posizione.
Del resto, non saresti proprio più stato nella condizione di poterlo fare, povero papà.
Eri confuso, non più in grado di badare a te stesso e, probabilmente, molto più spaventato di noi.
Nella tua fragilità psicofisica, devi aver percepito il gesto che tuo figlio, di gran lunga più robusto e forte di te, aveva fatto per difenderti, come un torto, una violenza inaccettabile.
Ripetevi, tutto imbronciato: «*Prendermi, spingermi giù e costringermi ad andare a letto!!! Ma stiamo scherzando!*».
Si stava poi verificando qualcosa di inspiegabile. Di solito, la prima funzione cognitiva che salta, è la memoria immediata ed episodica. Ciò che è appena accaduto cade nell'oblio ed io speravo tanto che ciò, in questo frangente, accadesse rapidamente. Pensavo: «*Adesso si dimentica di tutto ed è finita lì*».
Invece no, non è successo. La vicenda ti è rimasta ben impressa nella memoria. Hai tenuto il muso per l'intera giornata. Verso sera è ricomparso Stefano. Appena l'hai visto, con una forza inaudita sei balzato in piedi, ti sei avvicinato a lui ed hai detto, con tono minaccioso: «*Non fare mai più quello che hai fatto stamattina! Hai capito? Mai più!!*».
Incredibile.
L'arrabbiatura, per un attimo, ti ha fatto persino riorientare nel tempo.
Comunque, siamo rimasti tutti toccati dalla vicenda e da quel momento, in accordo con il medico di base, abbiamo

iniziato a somministrarti neurolettici, ovvero farmaci antipsicotici.
Tu non ne avevi nessuna colpa. Ma stavi iniziando a diventare pericoloso, papà.
Ritornando comunque a questo momento in cui ti sto venendo a cercare...
Mentre cammino, mi dico «*Ma guarda se uno deve arrivare a questo punto. Non poter più uscire da solo, perché non sa dove va, come evitare i pericoli e, poi, come tornare indietro!*».
Sento tutto il peso della grave situazione che sto vivendo.
Vorrei che fosse soltanto un brutto sogno.
Non sai cosa darei, per poter tornare anche solo ad un paio di anni fa, quando ancora eri lucido, orientato ed in grado di badare a te stesso, quando potevi uscire, se ne avevi voglia ed andare dove volevi, senza rischi e senza che nessuno si dovesse poi preoccupare o fosse costretto a venirti a cercare.
Ma ormai la realtà è questa.
Evito di soffermarmi sulle mie riflessioni. Non posso piangermi addosso, adesso. Ho altre esigenze, molto più urgenti: ti devo assolutamente trovare e riportare a casa, dalla mamma.
Niente da fare, da questa parte non ci sei. È inutile continuare a camminare.
Cambio allora direzione e vado a sinistra, verso la via più trafficata.
Continuo a ripetermi: «*Lo devo trovare!*».
Mentre sto perdendo le speranze e, desolata, mi accingo a riprendere la strada di casa, preparandomi anche psicologicamente a cercarti nei diversi ospedali, all'improvviso vedo in lontananza una sagoma che avanza, camminando a fatica e reggendo l'ombrello, aperto.
Al momento, sai ancora a cosa servano alcuni oggetti e riesci ad utilizzarli; non sei completamente amnesico, agnosico ed aprassico, come purtroppo succederà più avanti.
Sei quindi stato in grado di capire che stava piovendo,

che, per ripararti, andava aperto l'ombrello e sei riuscito anche a compiere questo gesto.

«*Meno male* - penso, quando ho la certezza che si tratta proprio di te - *anche questa volta è andata. Tragedia schivata!*».

Non so come ma, un'altra volta, sei riuscito a tornare a casa. Da solo.

Il sollievo è enorme. Ma è immensa anche la pena, mentre ti vedo avanzare verso di me, sul marciapiede.

Sei magrissimo. Fai fatica a camminare. Tremi.

L'ombrello, sembra che ti pesi. Prima di entrare nell'atrio di casa te lo tolgo di mano e lo chiudo io.

Tu ci hai provato, ma, per lo sforzo, esile ed instabile come sei, hai perso l'equilibrio ed hai rischiato di cadere all'indietro.

Inutile chiederti dove sei stato. Non lo ricorderesti.

Farfugli qualcosa. Sei confuso. Sembri spaventato.

Chissà cosa ti è successo.

Che strazio.

Che profondo, devastante ed indicibile strazio, papà.

CHI SEI?

Non ci posso credere.
L'hai fatto di nuovo.
È già la seconda volta che capita. Ed io mi chiedo come sia possibile.
Succede sempre quando siamo soli io e te, papà. Non ci sono testimoni e non sai come vorrei fosse soltanto frutto della mia fantasia. Un fraintendimento, un aver sentito e compreso male.
Invece no.
Per quanto impossibile possa sembrare, questa è un'altra delle terribili manifestazioni della malattia che si stanno sempre più frequentemente presentando.
Cos'altro ancora mi toccherà vedere e sentire, man mano che la patologia avanzerà e prima che questo incubo finisca?
Mi pongo tali domande mentre, come l'altra volta, seduta sul divano di casa vostra ed intenta ad accudirti in assenza temporanea della mamma, ho assistito di nuovo alla stessa, tragica scena.
Stavo cercando di lavorare al PC ma contemporaneamente una parte della mia attenzione non ti perdeva di vista un attimo.
Ultimamente sei sempre più irrequieto e vaghi per la casa, di cui, progressivamente, non riconosci più gli spazi, gli oggetti e ciò che devi fare, con essi.
È già capitato che qualcuno di noi ti abbia sorpreso mentre, con l'intento di prepararti un caffè, hai messo direttamente la tazza sul fuoco, correndo il rischio di ustionarti e di incendiare l'intera casa.
Non sai già più quello che fai, povero papà.
Per questo è necessario controllarti a vista.
È già abbastanza triste e straziante vederti perdere così la memoria e la tua autonomia.
Sono sintomi noti della malattia, purtroppo.

Ma questo no. Questo, davvero, non lo avevo previsto. Non me l'aspettavo.

Dopo aver vagato un po' per la casa, ad un certo punto ti sei avvicinato al telefono fisso, hai afferrato la cornetta e... hai simulato una conversazione in tedesco, con un interlocutore immaginario!

Non so cosa tu abbia detto, perché non conosco la lingua, ma il suono delle parole era inconfondibile. Fingevi di parlare con qualcuno, in tedesco. Nella tua recita, non hai tralasciato nulla, simulando anche gli aspetti paraverbali della conversazione per cui, ad un certo punto, come se l'interlocutore immaginario ti avesse detto qualcosa di divertente, hai fatto anche una risatina.

Poi hai salutato ed hai riagganciato la cornetta.

La prima volta che è accaduto, sono rimasta per qualche minuto come impietrita dalla sorpresa, dallo stupore, dall'incredulità ma anche dall'indescrivibile pena e dall'inevitabile dolore che è conseguito, nel vederti ormai ridotto in quello stato.

«*Non è possibile* – pensavo - *non sta succedendo davvero. Adesso viene qui e, con un sorriso da burlone, mi dice che stava scherzando...*».

Ma la tragica realtà alla fine ha prevalso... nessuno scherzo, tu eri serissimo e convinto di aver ricevuto una telefonata da parte di qualcuno che parlava in tedesco.

Avrei tanto voluto che vi fosse una spiegazione razionale, a ciò che era appena accaduto.

Invece no. Non c'era.

Ormai avevi probabilmente delle allucinazioni e deliravi, papà.

L'ideazione era a questo punto già incontrollabile e sganciata dal reale, come se fossi affetto da un Disturbo Psicotico, in stato di ebbrezza o sotto l'effetto di sostanze psicoattive.

Mi sono allora sforzata di riprendermi e di apparire tranquilla, mentre, benché avessi voluto negarlo con tutte

le mie forze, mi trovavo costretta ad accettare ciò che di incredibile ti avevo appena visto e sentito fare, caricandomelo sulle spalle come un altro degli enormi pesi che mi stavo abituando a portare, da quando la malattia stava così rapidamente ed inesorabilmente peggiorando.
Speravo almeno che non capitasse mai più. E invece, adesso, è successo di nuovo.
Questa volta però, avendone già avuto esperienza, ne rimango meno colpita.
Mi sembra sempre incredibile ma, se in occasione del primo episodio avevo fatto finta di niente, avendo bisogno di tempo per metabolizzare la sorpresa e la pena, adesso, anche se mi pesa, decido di seguirti nel delirio.
Ormai sei proprio come un bambino, papà. Giochi. E per quanto sia difficilissimo da accettare, per riuscire ad interagire con te bisogna stare al gioco.
Forse, da parte mia c'è anche una punta di curiosità, un voler vedere fino a quale straziante livello, nel compromettere il cervello, questa orribile malattia può arrivare.
Così mi alzo dal divano, ti vengo vicino e, non so davvero da dove, trovo la forza di chiederti: «*Ma è squillato il telefono?*».
Tu, con la massima tranquillità e serietà, come quando stavi bene e gestivi le innumerevoli questioni di cui ti occupavi, mi rispondi: «*Sì, era per me... in tedesco*».
Ed io, travolta da un dolore senza fine, continuo: «*In tedesco?*», al che tu, sempre molto compreso nella situazione, serio e calmo, ribatti: «*Sì...*».
Dopodiché l'episodio si chiude ed io rimango lì, in balia di domande a cui nessuno può dare una risposta e con il mio soffrire, che, per quanto immenso, dovrò prima o poi imparare a contenere ed a gestire.
«*Cavolo papà, ma cosa vuol dire? Perché proprio il tedesco hai tirato fuori, adesso, da quel tuo cervello malato che non controlli più? Con chi credevi di parlare? Dove pensi di trovarti,*

in questo momento? Chi ti senti di essere? Ed io? Chi sono io, ora, per te?».

E poi: «*Qualcuno mi dia la forza di rimanere lucida ed in equilibrio, in modo da riuscire a reggere tutto questo per la mamma, Stefano, Alessandro e per aiutare te, povero il mio papà, perché da solo, ormai, non ce la puoi proprio più fare...*».

Questi sono i miei pensieri, dopo aver assistito ad una nuova, inaspettata, inspiegabile e straziante manifestazione del terribile male che ti affligge.

Ce la farò a continuare così?

NON TROVI PACE

«*Oddio no!!! No!!!!*», esclamo, dopo aver sentito un fragore ed un tonfo tremendi.
Mi invade il terrore.
Accorro in salotto, dove io e la mamma ti abbiamo lasciato solo, qualche secondo fa.
E ti vedo lì, a terra, con il busto appoggiato alla parte inferiore del carrello su cui è posato il televisore.
Eri seduto, noi ci siamo allontanate per un attimo, ma siccome sei sempre più irrequieto e non stai fermo un minuto, ti sei alzato.
E non lo puoi più fare, da solo.
Devi essere sorretto, accompagnato e guidato, altrimenti non ti reggi e cadi, come infatti è successo.
Vedendoti così, mi si arresta il respiro.
Temo che tu ti sia seriamente ferito. Penso che tu possa morire.
Invece, e non so davvero come sia possibile, non ti sei fatto assolutamente nulla.
Ti aiuto a rialzarti ed a sederti di nuovo sulla poltrona. Tu forse non ti sei neanche accorto di quello che ti è appena successo e del rischio che hai corso. Per quanto mi riguarda, invece, ci vuole un bel po', affinché il cuore, impazzito per lo spavento, riprenda a battere regolarmente e la calma ritorni.
È inutile. Ormai non puoi proprio più stare da solo, dobbiamo controllarti e seguirti a vista, anche perché tu non collabori, ti muovi in continuazione, ti alzi, vaghi per la casa, tocchi dappertutto.
Ma purtroppo, a causa delle ischemie cerebrali e di alcuni psicofarmaci che stai prendendo, ormai non riesci quasi più a camminare...

Anche se lo hai fatto fino a che ne sei stato in grado, ribellandoti alla tua condizione ad al nostro controllo, ad un

certo punto, con l'avanzare della malattia, non ti è stato proprio più possibile andare in giro, come e quando piaceva a te.
Ed è diventato sempre più difficile gestirti.
Avevamo anche provato a darti qualche ausilio.
Il primo è stato un bastone. «*Beh, e adesso cosa devo fare con questo?*», chiedevi però smarrito tu, tenendolo in mano e dopo aver percorso il tratto dalla sala alla cucina.
Era stato infatti difficilissimo, se non impossibile, farti capire e ricordare almeno per qualche minuto, il fatto che dovessi camminare appoggiandoti al bastone.
E quindi, per camminare con il bastone in mano camminavi ma invece di puntarlo a terra e di appoggiartici, lo tenevi sollevato e "lo portavi a spasso", come se fosse stato una borsa e, comunque, qualcosa con tutt'altra funzione, rispetto a quella di aiutarti a muoverti.
Oltretutto, una volta percorso il tragitto ti fermavi e, avendo completamente dimenticato lo scopo di ciò che stavi eseguendo, chiedevi appunto, smarrito, cosa dovessi fare.
Ma poi è stato anche peggio.
È arrivata una delle manifestazioni della malattia che, non so perché, mi fa più male, nel ricordarla e nello scriverla: la faccenda del deambulatore.
Visto che il tentativo del bastone era fallito, poco prima del ricovero in RSA, quando quasi non ti muovevi più e ormai la confusione che ti regnava nel cervello era totale, avevamo provato anche a comprarti il suddetto ausilio.
Ma anche questo è stato perfettamente inutile.
Perché tu, non riuscendo a capire cosa fosse ed a cosa servisse, lo usavi come un'"edicola", disponendo cioè nel cestello sottostante i giornali, le riviste e gli altri oggetti che ti lasciavamo intorno.
Calmo, meticoloso, con quell'espressione seria e concentrata da gran lavoratore, oppure da bambino, che sta giocando al "negoziante".
E a guardarti, mi si straziava l'anima.

Perché proprio solo questo, ormai, era rimasto di te, dei tuoi 85 anni, della tua serietà, sobrietà, rigorosità: giocavi papà.

Di notte, sebbene portassi già da qualche tempo il pannolone, ti alzavi in continuazione, apparentemente perché avvertivi lo stimolo ad urinare. Allora ti recavi in bagno, ma non per fare pipì. Essendo completamente disorientato nel tempo, aprivi il rubinetto del lavandino come se fosse mattina, dovessi lavarti e farti la barba, ma non ricordando assolutamente come ciò si dovesse fare, giocavi con l'acqua, bagnando ovunque e bagnandoti tutto. Questo, negli ultimi tempi, succedeva ad ogni ora.

La mamma, prima che ti affiancassimo delle badanti, non ha dormito per quindici notti consecutive. Sentiva che ti muovevi, che ti volevi alzare e, temendo che cadessi, si alzava a propria volta.

Tu però reagivi male e la chiudevi fuori dal bagno. Non volevi nessuno.

Potevi trascorrere un tempo indefinito, lì dentro, giocando con l'acqua, aprendo tutti i pensili e toccando ovunque. Anche le badanti della notte non riuscivano a gestirti, sebbene fossero brave e nonostante gli psicofarmaci che prendevi, i quali avrebbero dovuto favorire il riposo notturno.

Non c'era verso, papà.

Non c'era tregua né sollievo, sia per te che per tutti noi, impegnati ad accudirti.

Io ho trascorso una notte con te nell'autunno del 2012, quando, poco dopo *"La Grande Batosta"* di settembre, ti abbiamo dovuto ricoverare per un paio di giorni all'Istituto Cardiologico Monzino, perché, come ho scritto prima, i medici, avendo finalmente individuato in una bradicardia la causa principale delle sincopi che ogni tanto ti venivano, avevano deciso di posizionare un pacemaker.

Ricordo quella notte come se fossi stata in guerra, con te, papà.
Allora, eri già parecchio deteriorato, confuso, disorientato. Era la fase in cui, oltre all'irrequietezza motoria, parlavi in continuazione, con una fluenza dell'eloquio praticamente ininterrotta, insolita per te, visto che quando stavi bene tendevi ad essere taciturno.
Lo zio Ambrogio una volta ti aveva fatto notare questa discrepanza dicendoti, scherzando: «*Ma come? Stavi sempre zitto, prima, e adesso continui a parlare...*».
Ovviamente, essendo il pensiero disorganizzato, ciò che dicevi diventava sempre più un minestrone di frasi e di parole, fuori luogo e deliranti.
«*Dobbiamo portare giù le valigie e pagare il conto!*», hai ripetuto in quella circostanza non so quante volte, a causa del deficit di memoria che si manifesta anche col dire ossessivamente le stesse cose.
«*Non preoccuparti papà, siamo in un ospedale e non dobbiamo pagare nulla*», ti ho dovuto allora io rispondere ripetutamente a mia volta.
Per te, nella malattia, forse per le tue innumerevoli esperienze di viaggio, era un pensiero ricorrente credere di essere in un albergo e dover sbrigare delle commissioni, come appunto sistemare i bagagli o saldare le spese di soggiorno.
Io, invece, cercavo il più possibile di tenerti agganciato alla realtà. Senza alcun risultato, però.
Dopo pochi minuti dalla mia risposta, infatti, di nuovo ti agitavi e tornavi a ripetere che dovevamo scendere con le valigie e sistemare i conti.
Allora ho desistito.
Con uno sforzo incredibile, ho realizzato che continuare col tentativo di farti orientare, capire dove ci trovassimo e cosa stessimo facendo, sarebbe stato perfettamente inutile.
Ancora una volta, totalmente impotente di fronte alla

drammaticità della malattia, mentre un peso enorme ed un'ombra buia mi scendevano sul cuore, ho compreso che, per tenerti tranquillo, non avrei potuto fare altro che seguirti nel delirio.

E ti ho quindi rassicurato, dicendo che avremmo pensato il giorno dopo a sbrigare quelle incombenze che ancora ti creavano ansia.

Ma il peggio è venuto dopo, quella notte al Monzino, papà.

È arrivato verso sera e col buio, come a casa.

Forse, l'essere circondato dall'oscurità e dal silenzio accresceva le difficoltà di percezione, il disorientamento, la confusione mentale e, parimenti, la sensazione di pericolo che generava paura, per cui sentivi di doverti difendere, con conseguente agitazione.

Quella volta, un attimo prima eri sorridente, di buon umore e, a modo tuo, anche dolce nei miei confronti, mentre ti aiutavo a mangiare la cena che gli infermieri ti avevano portato e cercavo, seguendo il caos del tuo pensiero e del tuo eloquio, di comunicare comunque con te.

Poi è calato il buio e gli altri degenti si sono messi a dormire.

Tu ti sei assopito e per un po' è andata bene, mentre io, sistemata come potevo su una scomodissima sedia a rotelle, che rappresentava l'unica poltrona a disposizione per i parenti presenti durante la notte, mi auguravo che continuassi così e che arrivasse presto il mattino.

Invece, tutto ciò non è avvenuto.

Ad un certo punto ti sei svegliato e, dapprima, hai iniziato a giocherellare con gli elettrodi che avevi sul torace e che servivano a monitorare il funzionamento del pacemaker appena posizionato.

Io ti ho allora invitato a non toccare ma tu ti sei incattivito, dicendomi anche qualcosa di offensivo, che ora non ricordo.

So che, temendo che potessi danneggiare la strumenta-

zione, ho chiamato un'infermiera, la quale, riprendendoti con fermezza, è riuscita, almeno fino a che è restata lì, a tenerti tranquillo.
Poi, è iniziato il vagabondaggio verso il bagno.
Come accadeva a casa con la mamma, non c'è stato verso di impedirti di alzarti e di andare ai servizi.
Io, dopo averti aiutato mio malgrado a scendere dal letto, ho cercato, parlandoti con calma, di trattenerti, toccandoti lievemente un braccio.
Al che tu ti sei alterato e, come se io fossi stata un nemico pericoloso da cui doversi difendere ad ogni costo, con uno scatto improvviso ti sei divincolato e mi hai mollato un pugno sulla mandibola.
A quel punto, di nuovo ho desistito e ti ho lasciato fare, limitandomi a tenerti d'occhio come potevo, affinché non ti ferissi, ma permettendoti di andare dove volevi.
È stato faticosissimo perché, come a casa, ad ogni ora si ripeteva la stessa scena: ti svegliavi, ti volevi alzare, ti chiudevi in bagno, aprivi il rubinetto, giocavi un po' con l'acqua e ti bagnavi il viso, convinto di farti la barba.
Quando finalmente il mattino è arrivato, ti sei calmato. Sembravi un'altra persona.
Più tardi, sono tornata a casa, distrutta.
E prima di dormire qualche ora, per recuperare il sonno perduto in quella brutta nottata, sono scoppiata in un pianto a dirotto.
Non per la stanchezza e neanche per il pugno che, data la tua gracilità, era stato innocuo.
Ma per il male che sentivo, dentro, quello sì ed acutissimo, nel vederti ridotto così.
Nell'accorgermi che, da qual momento in poi, nulla sarebbe più servito a niente; che né io né nessun altro, ormai, avremmo potuto più fare qualcosa per cambiare quella drammatica realtà.

LA RAGAZZA CHE ABITA OLTRE I BINARI DEL TRAM

Per me è stata la cosa peggiore.
La più difficile, da accettare.
Ad un certo punto, essendo disorientato nel tempo e nello spazio, come successo al Monzino non sapevi più dove ti trovassi né che giorno, mese, anno fosse.
Questo è stato per me il primo segnale che la malattia, ormai, era avanzata al punto tale da essere irrecuperabile.
Ho iniziato a percepire la gravità della cosa già dall'estate del 2012, da poco prima che *"La Grande Batosta"* di settembre avviasse l'inesorabile e rapidissimo declino.
Da quando, nonostante fossi già parecchio confuso, avevi chiesto più volte e ti eri mostrato desideroso di andare come sempre sul lago, dagli zii, per il Ferragosto.
La mamma era perplessa, ma, alla fine, ti ha accontentato, non sentendosi di negare questa tua volontà.
Ed ha fatto bene, perché è stata l'ultima volta. L'estate successiva, eri ricoverato in RSA e quella ancora dopo, te ne sei andato per sempre, papà.
Comunque, rispetto all'agosto del 2012, la mamma ha detto che è stato un incubo, stare dagli zii, sul lago, con te.
Li hai fatti diventare matti tutti quanti, perché, come tuo solito, non volevi sentire ragioni e pretendevi di andare a passeggiare, da solo, nel primo pomeriggio o in altri orari improbabili, percorrendo una strada tortuosa e trafficata per raggiungere la città vicina ed il lungolago.
Sei anche scivolato sui gradini di ingresso della villa provocandoti delle abrasioni, perché avevi voluto assolutamente seguire lo zio Carlo, il quale, una sera, era andato ad aprire il cancello a qualcuno che aveva suonato.
«*Che bello questo albergo! Ma adesso dobbiamo lasciare la mancia?*», avevi poi chiesto al momento di andare via, credendo, come nel caso del ricovero al Monzino, di essere in procinto di concludere uno dei tuoi numerosi viaggi.

«*Dio mio*» - ho pensato quando l'ho saputo - «*È già disorientato al punto tale da non riconoscere più neanche i luoghi abituali, ora*».
Poi è arrivato di peggio.
La cosa più brutta, per me.
La chiamano tecnicamente Prosopagnosia, ovvero incapacità di riconoscere i volti familiari.
Non so esattamente se questa definizione valga anche per chi è affetto da Disturbo Neurocognitivo probabilmente dovuto a patologia vascolare, Demenza, Alzheimer o che dir si voglia.
Forse, in questo caso, il deficit è insito in quello della memoria, che caratterizza la patologia.
Ciò che so per certo, avendolo vissuto direttamente, è che è stato terribile.
Avevi iniziato con i conoscenti, i vicini di casa, i parenti meno prossimi.
Poi, è stato il turno di noi familiari stretti.
Il primo è stato Alessandro, che vedevi poco perché, a differenza di me e di Stefano, abita da tempo fuori Milano.
Lo confondevi con lo zio Ambrogio, forse perché anche lui è stato l'ultimo arrivato, in famiglia.
Di seguito, è toccato a me.
Una volta, al telefono, ho chiesto alla mamma se avesse bisogno e se dovessi venire a casa vostra, per darle una mano, con te.
Lei mi ha risposto: «*No, no... tu vieni qui ma lui non ti riconosce più; l'altro giorno, mi ha chiesto: ma quella ragazza, quella che abita oltre i binari del tram, non li ha i genitori? Sono morti?*».
E allora, per me si è spalancata una voragine.
All'improvviso, la terra mi è franata sotto i piedi e mi sono trovata senza più un punto di riferimento e di appoggio.
Al pari di una pianta, abbandonata nella desolazione più totale, dopo essere stata brutalmente sradicata dal terreno al quale era rimasta sino a quel momento saldamente e

profondamente ancorata.
Perché di vero, in quello che hai detto, c'era solo il fatto che per arrivare a casa mia dalla vostra, bisogna effettivamente attraversare una strada, percorsa dalle rotaie del tram.
Per il resto, non so proprio trovare le parole per descrivere fino in fondo come possa sentirsi un figlio, di fronte ad una simile domanda del padre.
Fino soltanto a qualche tempo prima, io e te avevamo un ruolo ed una collocazione precisa nel tempo, nello spazio, nella memoria, nella nostra storia, nel rapporto di parentela e nell'affetto che ci legava l'una all'altro.
Io ero tua figlia. E tu eri papà.
Poi, all'improvviso, senza quasi che me ne fossi resa conto o che avessi potuto fare qualcosa per impedirlo, tutto ciò non c'è stato più.
Cancellato.
Annullato.
Per colpa dell'inesorabile e terribile malattia che avanzando, impietosa, distrugge tutto quello che trova sul proprio cammino, lasciando solo devastazione, freddo, silenzio, dolore ed un incolmabile vuoto.
Si era spezzato un legame che purtroppo e per quanto difficile da accettare potesse essere, non era in quel momento possibile riannodare.
Ci ero già passata con la nonna Maria, la mamma della mamma. Anche lei ha avuto l'Alzheimer, negli ultimi anni di vita. Ero molto legata alla nonna, persona intelligente, attiva, sveglia, svelta, buona ed altruista. Nessuno si capacitava di come potesse essersi ridotta così. Ho sofferto molto anche per lei, quando si è ammalata. Aveva i tuoi stessi sintomi: era disorientata, agnosica, aprassica e non ci riconosceva.
Entrambi dicevate la stessa cosa.

Una volta che ero andata a casa sua per accudirla, la nonna si è rivolta a me, osservando: «*Tu sei la Paola, ma la Paola dice che...*».

Per quanto riguarda te, talora, dopo avermi vista, chiedevi alla mamma: «*Ma l'altra Paola, dov'è?*».

Come se la persona che avevate di fronte non combaciasse con l'idea o il ricordo della stessa.

La questione delle *"due Paole"* è rimasta un altro dei misteri legati alla tua malattia.

Chissà a cosa pensavi, quando dicevi così.

All'esterno mi sforzavo di sdrammatizzare e ci ridevo sopra, chiedendo alla mamma: «*Ma chi cavolo è quest'altra? Cosa vuole?*».

Sia tu che la nonna, a volte, non riconoscevate neanche la mamma.

Lei l'assimilava ad una sua sorella, mentre tu la scambiavi per la tua, di mamma. Oppure le chiedevi: «*Ha bisogno di qualcosa, signora?*».

Però, quando la chiamavi d'istinto, pronunciavi correttamente *"Angela"*, il suo nome. L'hai sempre chiamata così, fino all'ultimo. Spesso, quando le davo il cambio nell'accudirti, chiamavi anche me allo stesso modo.

Non sapevi però più che fosse tua moglie.

C'è stata una fase in cui eri convinto che io fossi soltanto figlia sua.

La mamma ti spiegava che non era così, che voi eravate sposati e che io ero figlia di entrambi.

«*Ioo?? Sposato?? Ma no, dai!!*», replicavi tu, allora.

E ancora lo vedo, papà, lo sguardo che avevi, quando dicevi così.

Quell'espressione smarrita di chi, pur avendone percorso già un lungo tratto, ha perso per sempre la propria strada, i propri riferimenti, le fondamenta della propria storia. Di chi ormai confuso, spaventato, solo, non sa proprio più come fare per trovare una bussola, in grado di indicargli nuovamente il cammino.

Li ho di nuovo davanti a me, papà: quegli occhioni spalancati, ingenui, da bambino tenero e indifeso a cui bisogna insegnare ancora tutto e di fronte ai quali io facevo davvero fatica a trattenere le lacrime.
E anche ora, a ripensarci, mi sento invadere da uno strazio senza fine.
Più di rado confondevi anche Stefano con lo zio Carlo.
Il tuo primogenito, però, l'hai quasi sempre riconosciuto. Lo chiamavi per nome, senza sbagliare. Forse perché è molto alto, robusto, all'epoca portava i capelli lunghi, si veste in maniera singolare, ha un aspetto che incute timore e quindi, anche per questo, rimane probabilmente impresso nella memoria.
Invece, per quanto riguarda me...
Una volta, poco prima di Natale 2012, ero venuta da voi, per dare una mano alla mamma nell'addobbare la casa per le Feste.
Mi stavo occupando di alcune mensole in cucina.
Tu vagavi di continuo, irrequieto e toccando dappertutto.
Ad un certo punto sei venuto da me ed io, avendo ormai imparato quanto fosse efficace per mantenerti calmo interagire in maniera tranquilla, dolce e serena, ti ho sorriso e ti ho chiesto: «*Hai visto come ho sistemato bene? Ti piace?*».
Non credo che tu abbia capito il senso delle mie parole, ma devi aver colto lo stato emotivo, perché, a tua volta sorridente e dolce, mi hai dato un bacino su una guancia.
Poi sei andato nella stanza dove c'era la mamma.
Dopo neanche un quarto d'ora sei tornato da me che, ancora in piedi su una sedia, stavo finendo di riordinare.
Hai sollevato il viso e, guardandomi sorpreso come se non mi avessi mai vista, hai chiesto: «*Ma quella ragazza che c'era qui prima è andata via? Non c'è più?*».
Sempre con la massima calma e sorridendo, ti ho risposto: «*Sono io quella ragazza, papà; sono Paola*».
Ancora una volta ero tranquilla, in apparenza.
Ma altro che stare calma e sorridere. Avrei voluto, invece,

urlare a squarciagola. Scendere dalla sedia, scuoterti e gridare, disperata «Ma sono io, io, io! Sono Paola! Non è possibile, papà! Come fai a non riconoscermi? Smettila di scherzare!».
Perché era troppo.
Lo sguardo stupito e smarrito che mi hai rivolto quando ti ho detto il mio nome, il fatto che non mi riconoscessi più e che, ormai, non mi avresti riconosciuta mai più.
Mai più, papà. Mai più.
A volte, come nell'episodio descritto all'inizio, mi chiedevi <<Come ti chiami?>>.
Purtroppo, quando succedeva, non era uno scherzo.
Era tutto tragicamente vero.
La malattia, come un vento gelido, in brevissimo tempo aveva spazzato via dalla tua memoria tutto quello che riguardava persino la mamma, me, Stefano, Alessandro, noi insomma, la tua famiglia, a cui eri così legato.
Non più un ricordo. Non più un affetto.
È stato terribile papà. Terribile.
Però, ad un certo punto, qualcosa è cambiato.
Quando ho smesso di cercare di riacciuffarti e di riportarti in questa dimensione, quando ho iniziato ad accettare l'irreversibilità della patologia, non opponendomi più ad essa e comprendendo che, se l'avessi assecondata, mi sarei sentita meglio, è stato tutto molto più semplice.
Sono riuscita a trovare un canale di comunicazione, per interagire comunque con te.
Non a livello cognitivo, perché, tanto, non mi riconoscevi, non capivi quello che ti dicevo, e, nel pensare e nel parlare, dapprima confabulavi, colmando le lacune della memoria con ricordi falsificati e mutevoli, poi, con l'aggravarsi della malattia, proprio deliravi, esprimendoti di conseguenza in maniera del tutto incomprensibile.
Bensì con la presenza, le emozioni, l'affetto. E, come scrivevo prima, seguendoti nel delirio.
Allora, dopo questo passo che mi è costato tantissimo ma che è stato necessario, ci siamo in parte come ritrovati.

Io e te, per molto tempo prima che ti ammalassi non ci siamo parlati, per le motivazioni di cui ho già scritto, ovvero i contrasti che avevamo nella quotidianità e nella praticità della vita, derivati probabilmente dalle nostre affinità e, per questo, dalle reciproche aspettative di comprensione che però non sempre erano corrisposte.

Quando ti sei ammalato, invece, ho ripreso a parlarti e abbiamo ricominciato a comunicare, a capirci, ad essere complici ed in sintonia, come quando, da bambina e da adolescente, dipendevo da te e ti adoravo.

E sono sicura che quando finalmente ho iniziato ad accettare quello che eri diventato per la malattia, tu abbia ricominciato a riconoscermi.

Forse, non sapevi più che fossi tua figlia, ma che fossi una parte di te, assolutamente sì.

«*Ho sentito la tua voce! Ma non solo adesso, anche prima!*», mi hai detto tutto allegro una volta che ero via per lavoro. Avevo chiamato la mamma in RSA e lei, ad un certo punto, mi aveva passato te, al telefono. A volte lo faceva. Anche se non l'ho mai detto, questa era una delle cose che gestivo meno, a livello emotivo; mi straziava, più che vederti, perché, proprio, non c'eri.

Quella volta, dopo aver sentito le tue parole, ti ho salutato ed ho terminato la chiamata. Poi, lì dov'ero, sul marciapiede ed in mezzo ad altra gente, sono scoppiata in lacrime.

Forse, un'altra volta, avevi detto la prima cosa che ti era venuta in mente e chissà con chi credevi di parlare. Ma in quel momento, affranta com'ero per la tua malattia, ho voluto interpretare ciò che hai pronunciato come un appiglio e mi ci sono aggrappata, per trarne conforto.

«*Forse* - mi sono detta - *non è tutto perduto. Non sai dove sia ora e cosa stia facendo, in realtà non sai più neanche chi io sia; ma senti, qualcosa senti. E forse, percepisci che in questi giorni, anche se sono via per lavoro, non faccio altro che pensare a te. Avverti che sto soffrendo, per tutto ciò che ti sta accadendo. Sai che comunque ci sono, come prima, come sempre*».

Molto tempo dopo, mi hai fatto un altro enorme regalo. Il linguaggio era ormai completamente pregiudicato, per cui quello che pronunciavi erano soltanto suoni o versi. Eppure, qualche giorno prima che te ne andassi, una delle ultime parole che ti ho sentito distintamente dire è stata *"Paola"*.

NATALE 2012: ARRIVEDERCI, PAPÀ!

È mattina.
Sono a casa mia e sto finendo di impacchettare gli ultimi regali.
Fra poco verrò da te e dalla mamma, per festeggiare insieme, come sempre.
Ad un certo punto, però, mi fermo.
Un profondo senso di sconforto ed un'abissale tristezza si impadroniscono di me.
Perché, questa volta, non è *"come sempre"*.
A te il Natale piaceva in modo particolare. Ti dava l'occasione di andare in giro, a curiosare per negozi e mercatini, dove acquistavi tanti piccoli regali per tutti noi.
Quest'anno, non l'hai potuto fare.
La malattia è avanzata, inesorabile.
E da settembre, da quando hai avuto *"La Grande Batosta"*, ormai tutto è precipitato.
Adesso, essendo completamente disorientato anche nel tempo, non sai nemmeno più che siamo a Natale.
E non ci riconosci. Io, per te, a seconda di quello che al momento producono i tuoi neuroni malati, sono adesso *"La ragazza che abita oltre i binari del tram"*, *"Una delle due Paole"*, *"La figlia della mamma"* oppure una perfetta sconosciuta, a cui si deve chiedere *"Tu come ti chiami?"*.
È finita, papà.
Per la prima volta, da quando ti sei ammalato, acquisisco la completa consapevolezza che quello che fino ad ora è stato, non sarà più.
Te ne sei andato.
Non torneranno più quelle giornate *"normali"*, monotone, scandite da tante piccole cose e gesti quotidiani, nelle quali, a volte, trovavano posto anche discussioni ed arrabbiature, per banalità.
E basta anche tradizioni, come il Natale in famiglia, a cui

eravamo abituati ed al quale, forse, non prestavamo neanche più attenzione.
Mai, come in questo momento, comprendo fino in fondo come nulla sia scontato ed eterno.
Di come, davvero, ci si accorga di quello che si ha, soltanto quando non lo si ha più.
E di quanto io non sia preparata, a perdere tutto così. All'improvviso. Per questa orrenda malattia.
Non sono pronta.
Non sono proprio pronta, papà.
A non averti più qui, a dover rinunciare alle tue abitudini, al tuo modo di fare.
Mi mancano già, tremendamente, persino gli aspetti di te che mi infastidivano o che mi facevano arrabbiare. Perché, comunque, erano te.
Adesso, avverto con certezza che quello che è stato, in questa dimensione fisica, nel tuo e nel mio percorso di vita, non tornerà più. Per quanto mi sembri impossibile, dovrà già entrare a far parte dei ricordi.
Mestamente, mi avvicino alla finestra. Guardo il panorama invernale, freddo, nebbioso, buio e desolato che si staglia davanti a me. Ed avverto in maniera acutissima l'irreparabile senso di vuoto che la consapevolezza della tua assenza sta per la prima volta generando in me.
Col pensiero ed emotivamente, è come se mi voltassi, prima da una parte e poi dall'altra, nel tentativo di trovare un appiglio, un qualcosa che mi aiuti a sentire meno male, che mi possa dare una speranza, che serva a riportarti qui, rendendo meno ineluttabile questa triste realtà.
Ma, intorno, ho solo il vuoto.
Anche se sei ancora vivo, tu non ci sei già più.
Di te, ormai, è rimasto solo un organismo ammalato.
Sento che, da adesso in poi, è questo lo stato di cose che dovrò imparare ad accettare.
Per quanto faccia così male.
Nello smarrimento, nello sconforto e nella tristezza più

totale, mi chiedo come possa essere accaduto.
Ed io? Dov'ero io, quando è successo? Cosa facevo? Perché non ho potuto impedirlo?
Un attimo prima c'eri, come sempre.
Poi, all'improvviso, senza che quasi me ne fossi resa conto o che abbia potuto in qualche modo trattenerti, si è sciolto il filo che ti legava a me e tu, come un palloncino, mi sei sfuggito di mano e sei volato via.
Ad un tratto, ti sei voltato dall'altra parte e, camminando, hai iniziato ad andartene, senza che io abbia potuto salutarti, augurarti buon viaggio o dirti almeno un'ultima parola... ma come è stato possibile?
Piango adesso. Lacrime silenziose mi rigano le guance...
...Basta. Quello che è stato è stato. Non si può più tornare indietro, purtroppo.
E allora capisco che è arrivato il momento. Di doverti salutare.
Non ho mai raccontato a nessuno di quella mattina di Natale del 2012. Ma è stato da qui, da molto prima della tua morte fisica, che io ho iniziato a fare i conti con la perdita di te. Ad elaborare il lutto per la tua scomparsa.
Nel silenzio della mia casa, da sola, in quella fredda mattina invernale, ho incominciato a lasciarti andare, ad accomiatarmi da te.
Un momento soltanto tuo e mio. Del resto, nessuno avrebbe potuto consolarmi. Il dolore per la tua perdita, non era davvero condivisibile. Solo io, a poco a poco, avrei dovuto imparare a convivere con il fatto che tu, ormai, non c'eri più.
«*Ciao papà.*
Sono sicura che un giorno, in un tempo, in uno spazio, in una dimensione ed in una forma diversa, ci ritroveremo. Sarà così. Tornerai. E allora, per adesso, ciao papà», ti ho detto allora, in un pianto sconsolato e con tutto l'amore possibile.
Poi, ad uno ad uno, chiamandoli per nome, li ho invocati tutti. Ho interpellato i tuoi cari, che prima di te hanno la-

sciato questa vita terrena.
E sempre piangendo, per quanto il dolore fosse immenso e quasi incontenibile, ho chiesto loro: «*Proteggetelo. Aiutatelo. Lui non è già più qui. E allora, venitevi a prendere questo corpo ammalato e portatevelo via. Il più in fretta possibile. Risparmiategli altra sofferenza ed il resto dello strazio che il progressivo aggravarsi della malattia inevitabilmente provocherà. Basta dolore. Basta, per pietà. Basta.*»
Mi piace credere che abbiano ascoltato.
È vero che, da quella mattina di Natale del 2012, è passato più di un anno e mezzo prima che il tuo organismo smettesse del tutto di funzionare. Ed è altrettanto vero che non ti è stato e non ci è stato risparmiato nulla. Da quel momento, è stato un tragico ed inarrestabile precipitare, sempre più giù.
Sono stati momenti terribili, nei quali non sai quante volte ho invocato i tuoi cari. Ho chiesto loro: «*Ma dove siete? Cosa fate? Cosa aspettate? Venitevelo a prendere, adesso, subito. Basta. Davvero. Basta*».
La stessa richiesta l'ho rivolta anche all'ultimo, mentre agonizzavi in un letto d'ospedale e non volevi proprio staccarti dal tuo corpo malato.
Mi aiuta pensare che abbiano ascoltato. E che siano intervenuti. Proteggendo non solo te, ma anche noi.
Intanto, alla fine è durata poco. Alcuni tuoi compagni di sventura hanno trascorso anni, in condizioni drammatiche, per loro e per i familiari che li hanno dovuti accudire. La scienza dice che il decorso medio della malattia sia di circa otto anni. C'è chi arriva fino a dieci. Per noi, tralasciando l'esordio blando e lento che era iniziato già molto prima de *"La Grande Batosta"*, il peggio è durato meno di due anni.
Inoltre, sei sempre stato circondato dalle nostre attenzioni e dal nostro affetto.
Non ti abbiamo abbandonato un attimo.

Io, la mamma, Stefano ed Alessandro abbiamo lottato al tuo fianco, contro questo terribile male.

E mi conforta pensare che i tuoi cari ci abbiano dato la forza per farlo. Fino all'ultimo.

Quindi, quella mattina di Natale ti ho affidato a loro.

Perché mi aiutava pensare che ti avrebbero protetto. Mi faceva sentire meno sola, sconsolata, preoccupata, straziata dal dispiacere ed in balia di quella brutta malattia che già, anche se ancora non eri morto, sembrava averti portato via.

Mi dava forza credere poi che saresti tornato. Era l'unica cosa, in quel momento, a darmi una speranza.

Perché, in quel modo, non ti avrei mai perduto davvero.

Anche quando sarebbe arrivato il momento della tua morte fisica, non ti avrei mai dovuto dire *"addio"*, ma sarebbe stato sempre e soltanto un temporaneo: *"Arrivederci, papà!"*.

NON C'È ALTERNATIVA

Io sono rimasta colpita papà, quando, nel 2013, in occasione di uno dei controlli effettuati presso il Centro Geriatrico, mi sono stati mostrati i test neuropsicologici che ti avevano somministrato nel periodo successivo a *"La Grande Batosta"* del settembre 2012.
Gli esiti di essi dimostravano proprio quanto, nel giro di pochi mesi, le tue funzioni cognitive fossero drasticamente, gravemente ed irrimediabilmente peggiorate.
È stato proprio in occasione dell'ultima visita effettuata presso lo stesso reparto, che ci è stato consigliato e prescritto di ricoverarti in una RSA dai medici, colpiti dalle tue condizioni ma anche da quelle della mamma, la quale, occupandosi in maniera prevalente di te e fungendo quindi da *"Caregiver"*, era ormai molto provata, dal doverti accudire costantemente e da sola.
Io avevo intuito la necessità del ricovero già da un po' e ne avevo anche parlato con la mamma, Stefano ed Alessandro, i quali però, avendo probabilmente bisogno di tempo per accettare questa ormai unica e triste realtà, avevano respinto con forza la mia proposta.
Ad un certo punto, è stato necessario.
Non c'era alternativa, purtroppo.
Tu eri indomabile ed incurabile, a casa; la mamma, per accudirti, non dormiva più ed era esausta.
Ricordo quell'ultima visita presso il Reparto Geriatrico, come un'altra giornata di guerra con te, papà.
Allora, pur portando già il pannolone, avevi ancora lo stimolo ad urinare e quindi, ad un certo punto, ti sei agitato perché ti volevi alzare dalla barella con cui venivi trasportato nei vari reparti per le visite.
C'è stato un momento in cui eri alteratissimo e continuavi a ripetere, irritato e ribelle: «*Devo fare acqua!*». Ad un certo punto, tra volontari, medici, infermieri ed io eravamo in sei, attorno a te, a cercare di tenerti fermo, in modo da im-

pedire che cadessi dalla barella, dalla quale, muovendoti maldestramente ma con una determinazione ed una forza inaudite, data la tua esilità, volevi a tutti i costi scendere per andare in bagno.

E così, sebbene fosse davvero l'ultima delle cose che avremmo voluto fare, con lo strazio e la morte nel cuore ti abbiamo dovuto ricoverare.

UN'ALTRA CASA

«*Augustino? Posso chiamarlo Augustino?*», ci chiede B., dopo essersi rivolto a te.
È uno degli OSS, gli operatori socio-sanitari della prima delle RSA in cui, a giugno del 2013, sei stato ricoverato.
È molto bravo, B.: dolce e paziente con te ma anche estremamente gentile con noi.
I suoi colleghi, peraltro, non sono da meno. Il lavoro che svolgono, è tra i più stressogeni che esistano.
Per questo, come si dice in termini tecnici, chi lo esegue è esposto ad un elevato rischio di Burnout, ovvero di sviluppare, a lungo andare, una condizione di logoramento psicofisico, con sintomi e disturbi fisici/psicologici, nonché perdita di motivazione e di gratificazione nel dedicarsi a questo tipo di attività.
Al momento della domanda di B., eri da poco ricoverato in RSA, papà.
E con il passare del tempo, loro, gli operatori sanitari, hanno progressivamente imparato a conoscerti ed a gestirti nel modo giusto.
Piano piano, vi siete reciprocamente conquistati. Proprio perché sapevano come prenderti tu, con loro, eri molto tranquillo; solo raramente manifestavi insofferenza. Progressivamente, il Nucleo Protetto, in cui sei stato inserito, è diventato la tua nuova casa. Tu ti sei affezionato agli operatori e loro a te.
Ciò, almeno per quanto mi riguarda, ha un po' alleviato il profondo dispiacere e lo strazio derivati dal fatto che sia stato ad un certo punto necessario ricoverarti.
Non riuscirò mai a togliermi dalla mente il momento in cui, per portarti in RSA, siamo usciti con te dalla porta di casa tua e della mamma.
Ancora una volta ero calma e razionale, in apparenza. Ma dentro, il dolore che provavo mi stringeva e mi accartocciava le viscere.

Non dicevo nulla, se non quello che riguardava la gestione pratica della faccenda. Non volevo gettare benzina sul fuoco, ma ero sicura che la mamma, a propria volta silenziosa, stesse pensando la stessa cosa: uscivi da casa tua per non tornarci mai più.

Ho dovuto allora fare uno sforzo enorme, sul pianerottolo, per ingoiare il magone che avevo in gola, per ricacciare indietro le lacrime e smetterla di pensare. E ancora adesso, mi costa molta fatica ricordare e scrivere di quel momento.

Perché faceva male, male, male, sapere che, per l'ultima volta, eri stato a casa tua.

Per l'ultima volta.

La notte prima, avevi dormito nel vostro letto, sul lato vicino alla finestra dove, per quasi cinquant'anni, ogni sera ti sei assopito accanto a tua moglie.

Al mattino, svegliandoti, avevi calzato le tue ciabatte ed avevi indossato la tua tuta rossa.

Avevi fatto colazione e poi consumato l'ultimo pranzo preparato dalla mamma. In cucina, al tuo posto, sulla sedia che da quando non ci sei più occupo io, forse per sentire ancora la tua presenza, oppure, per non vederla tristemente e desolatamente vuota.

Ti eri preparato nel tuo bagno, quello "piccolo", come lo chiamavamo noi, quello che ormai da tempo usavi solo tu, per fumare di nascosto.

Avevi rovistato nei tuoi cassetti, nelle tue carte, tra tutti gli oggetti che per anni ti avevano fatto compagnia. Avevi preso il borsello ed eri uscito ad aspettare l'ascensore.

Stavo male.

Anche perché tu non sapevi cosa stesse accadendo e mi sembrava di farti un torto, una violenza.

Avrei voluto allora fermarti, abbracciarti, proteggerti, spingerti indietro e dirti: «*No, papà, aspetta... vieni dentro... vieni, ecco, così... siediti qui, sulla poltrona... preferisci riposare un po', sul divano? ...aspetta... ancora un attimo... non te ne*

andare… non te ne andare, papà, ti prego… torniamo a casa…».
E invece no.
Non era possibile.
Ti dovevamo per forza portare al ricovero perché, per colpa di quella dannata malattia, non potevi proprio più stare a casa tua.
Questa era la tragica realtà.
A cui purtroppo, per quanto straziante potesse essere, non c'era e non poteva esserci alternativa.
L'attimo in cui sei uscito per sempre da casa, è stato quindi per me il peggiore.
Più di quando ti abbiamo lasciato solo in RSA. Molto più della tristezza, che forse ho soltanto immaginato di vedere nel tuo sguardo, quando noi siamo venuti via. La mamma, che forse come me aveva fatto uno sforzo ed era riuscita fino a quel momento a trattenersi, è scoppiata allora in un pianto disperato.
Io, Stefano ed Alessandro abbiamo cercato di consolarla, portandola anche a mangiare un gelato.
Poi, dovendo sbrigare delle commissioni, ho fatto una camminata, da sola.
Avevo bisogno di stare tra me e me. Di muovermi, per scaricare la tensione. Di calmarmi, nella speranza che la tenaglia che, ancora, mi stringeva le viscere e mi bloccava il respiro, allentasse un po' la presa e mi permettesse di riprendere a far entrare aria nei polmoni.
Avevo bisogno di raccogliere i miei pensieri. Di dominarli e di trovare le forze per riuscire a gestire tutto ciò.
Dovevo essere un riferimento, in quel momento.
Non potevo permettermi di stare male. Di lasciarmi andare, di esternare il mio dolore, aggiungendolo a quello della mamma, molto coraggiosa ed in gamba, ma anziana ed inevitabilmente provata da ciò che ti stava accadendo, nonché di Stefano e di Alessandro, i quali, come me, pur cercando di farsi forza e di non manifestare nulla, sicuramente soffrivano. Ed anche dello zio Ambrogio e dello zio

Carlo, i tuoi due fratelli ancora in vita.
Non era il momento.
E allora, finchè sei stato ricoverato, mi sono comportata come un soldato. Gestivo la situazione, parlavo con i medici, prendevo decisioni, mi accollavo il dolore della mamma, accudivo te, ma, data la mia professione di psicologa, ascoltavo e contenevo anche la sofferenza dei parenti dei tuoi compagni di sventura, nonché la fatica degli operatori sanitari, nello svolgere la loro difficile attività lavorativa.
Ci sono stata, per gli altri. Come sempre, del resto.
In alcuni momenti, avrei tanto voluto permettermi di mollare la presa. Oltretutto, era un periodo in cui avevo anche enormi problemi miei, di lavoro e di altro. Preoccupazioni serie, di natura diversa.
Mi sarebbe piaciuto, ogni tanto, poter appoggiare la testa sulla spalla di qualcuno e sentirmi dire: «*Non preoccuparti, ci sono qua io...*». Ma così non è stato.
Soltanto quando sei morto fisicamente, mi sono concessa il diritto di lasciarmi andare, ad esempio di piangere liberamente anche davanti agli altri.
Io non so dove abbia trovato la forza di reggere tutto ciò. Forse, è stato davvero qualcuno, come i tuoi cari, a darmi un aiuto in questo senso. O forse, nelle situazioni drammatiche e quando non c'è alternativa, si riescono realmente a tirare fuori risorse che non si crede neanche di avere. Certo poi, a distanza di tempo, ne ho pagato il prezzo. Dopo che tu te ne sei andato, ho passato una fase di enorme stanchezza psicofisica, di fragilità emotiva. Mi agitavo per un nonnulla, in quel periodo e sono insorti anche problemi di salute. Poi, è cambiato tutto, di nuovo. Mi sono sentita più calma, più serena e molto più forte, anche rispetto a quando eri qui e stavi bene.

Tornando comunque all'RSA...
Saperti finalmente inserito in una struttura dove c'era per-

sonale preparato a gestire casi come il tuo, mi è stato di enorme aiuto, nel portare i pesi derivati dalla tua malattia.

Ed anche il vedere che piano piano, grazie all'abilità degli operatori, tu sia riuscito ad ambientarti ed a sentirti nuovamente "a casa", è stato, come dicevo, un sollievo.

Ti prendevano per il tuo verso, gli operatori; ti capivano e ti volevano bene. Erano sempre estremamente gentili e, per questo, tu lo eri con loro.

Oltre a B., ricordo con molto affetto, A., un'operatrice giovane a cui la vita aveva già sottoposto dure prove e, forse per questo, aveva dato una precoce maturità e capacità di essere un riferimento, per gli altri.

Oppure un'altra di loro, di cui ora non mi sovviene il nome: a propria volta si era affezionata a te. Essendo minuta, era una di quelle che proteggevi, quando qualcuno dei tuoi compagni di sventura aveva verso di lei ed i suoi colleghi comportamenti aggressivi, dovuti alla malattia.

Quando, poco dopo l'ingresso in RSA avevi avuto l'ennesima ischemia cerebrale, con conseguente periodo di immobilità ed un peggioramento del deterioramento cognitivo, questa operatrice, commossa ed addolorata, ti diceva: «*Ma Augusto... eri quello che ci difendeva e adesso stai male anche tu...*».

Ricordo G., molto preparato ed in gamba ed anche I., a cui va un altro dei miei affettuosi pensieri.

Il ricovero in questa RSA, essendo a Milano, costava. Molto. Pagavamo quasi 3.000 Euro al mese per tenerti lì, per cui, ad un certo punto, abbiamo dovuto decidere di spostarti in un'altra struttura più economica, fuori città, dove hai trascorso gli ultimi tuoi tre mesi di vita.

Essendosi nella nuova struttura liberato un posto all'improvviso, abbiamo dovuto decidere ed organizzare il tuo trasferimento in pochissimi giorni e quando hanno ricevuto la notizia imprevista, gli operatori della prima RSA sono rimasti male.

G., ricordo, era commosso ed il giorno del trasferimento ti

ha accompagnato fino al mezzo di trasporto che ti aspettava, per condurti lontano da loro.

Quando ha appreso la notizia del tuo imminente spostamento, I., l'altra operatrice che ricordo con affetto, ha chiesto alla mamma: «Ma è per colpa nostra?» e poi, ha detto a te: «Ma adesso, alla sera, chi ti darà i bacini per farti addormentare?».

Benché abituati a vedere le persone che accudivano andarsene, penso sia stato per loro un grande dispiacere, apprendere qualche mese dopo che anche tu avevi lasciato questa vita terrena.

Come lo siamo io, la mamma, Stefano ed Alessandro, quando ci giunge notizia della scomparsa di qualcuno dei tuoi compagni di sventura.

Perché il condividere lo stesso dramma, aveva fatto sì che con loro ed i parenti si creasse un legame molto forte. E credo che questo sia stato un altro fattore di sollievo, che ha dato la forza un po' a tutti di sopportare la stessa tragedia che ci aveva colpiti.

Si era creata come una grande famiglia: se uno di voi stava peggio del solito, il problema riguardava anche gli altri e se qualche parente era "in crisi", gli altri erano lì, a supporto. Si condividevano opinioni, pensieri, emozioni. Il dolore.

È difficile da spiegare e da far capire.

Perché chi non ne ha avuto esperienza diretta, non riesce neanche lontanamente ad immaginare cosa possa succedere all'interno di un Nucleo Protetto, con un gruppo di ammalati, per lo più di Alzheimer.

Io credo che se esiste un Inferno, esso sia proprio in reparti come questi e nelle manifestazioni, violente e drammatiche, della malattia.

Per contrastare la quale, da soli, non ce la si fa.

È necessario allora farsi forza e "resistere", in gruppo.

Io sono una psicologa, conosco la patologia ed ho interagito con altri ammalati di questo tipo.

Ma alcune delle scene a cui ho assistito nel Nucleo Protetto, hanno fatto impressione anche a me.
Spesso, di fronte alle alterazioni comportamentali di alcuni tuoi compagni di sventura, come avveniva a casa con te - che invece, lì, benché gravemente deteriorato, rispondevi bene ai neurolettici ed eri quasi sempre tranquillo - mi chiedevo incredula come fosse possibile arrivare a tanto. Come non vi fosse la possibilità di prevenire, evitando ad un essere umano di ridursi in quello stato. Come non si potesse individuare con certezza la causa o le cause scatenanti, mettendo a punto, di conseguenza, le terapie e le strategie di intervento più adeguate. Quanto, prima della malattia, dovesse essere stato enorme il male emotivo di chi, ora, come attraverso un acuto grido di dolore, lo stava manifestando in quel modo tanto straziante, tragico, disumano.

Descrivo adesso alcune delle espressioni della patologia a cui ho assistito; non faccio nomi, per tutelare la privacy degli ammalati e dei loro parenti.

È possibile che questo mio scritto venga letto da qualcuno che era lì e che ha vissuto gli stessi drammatici momenti. Rendendo pubblico quanto riporto di seguito, l'ultima cosa che vorrei è mancare di rispetto a te, ai tuoi compagni di sventura ed ai loro cari.

Racconto invece queste cose perché, come scrivevo all'inizio, considero di fondamentale importanza che chi sa, davvero, cosa sia questo "demonio" di patologia, ne parli, senza remore.

Per farla conoscere a tutti.

E allora...

C'era chi non diceva una parola e non camminava più; chi, irrequieto, percorreva avanti e indietro, instancabilmente, l'ampio e lungo corridoio su cui si aprivano le stanze e le sale comuni del Nucleo; chi urlava *"Aiuto"*, in un'incessante e straziante litania; chi sbraitava frasi e parole senza senso, divenendo a tratti anche fisicamen-

te aggressivo; chi si attaccava alla porta di ingresso ed a quella che conduceva al giardino privato (sbarrate ed azionate solo dagli operatori, che ne conoscevano i codici di accesso), scuotendo violentemente ed ossessivamente i maniglioni antipanico; chi si piazzava davanti all'entrata, per cogliere, non appena qualcuno avesse aperto la porta, l'occasione di uscire, coprendo anche di insulti e di sonore "borsettate" gli operatori che cercavano di evitarne la "fuga"; chi accatastava in mezzo al corridoio tavoli, sedie, poltrone, divani, come ad erigere una barricata; chi, a Natale, aveva "rubato" e nascosto in tasca tutte le pecorelle del Presepe che qualcuno della struttura, non considerando le conseguenze della vostra amnesia, agnosia ed aprassia, aveva avuto l'infelice idea di costruire all'interno del Nucleo; chi compiva altri gesti a sproposito, quali ad esempio intingere una penna nel bicchiere con l'acqua, come se fosse un biscotto o, nel tentativo di aprire una serratura, utilizzare una bottiglietta come chiave, oppure mettersi in testa, a mo' di cappello, asciugamani o t-shirt; chi si toglieva la dentiera e la offriva in dono a qualche altro sventurato; chi si spogliava completamente e, buttandosi a terra, strisciava lungo il corridoio; chi, sedato dagli psicofarmaci, ciondolava assopito, sulle poltrone o sui divani; chi vagava, con gli occhi sbarrati, la bava alla bocca, farneticante, disperato, senza pace, senza tregua, come un dannato nell'Inferno dantesco...
Purtroppo non era la Divina Commedia. Non si trattava di un'opera letteraria, Era un'orribile, devastante e tremenda realtà.
Ma la cosa peggiore, era rappresentata dal fatto che le stesse persone, in quel momento con comportamenti da Disturbo Psicotico, per la maggior parte della propria esistenza fossero state sane, equilibrate, funzionanti, educate, rispettose, responsabili ed anche importanti... c'erano ad esempio ex professori, ingegneri, giornalisti, top manager.

Ciò sembra non essere in linea con una delle teorie scientifiche, che individua nel basso livello socio-culturale una delle cause della malattia.

La mia esperienza diretta, con te e con i casi che ho potuto osservare in RSA, sembrerebbe dimostrare che il fattore "scarsa stimolazione cognitiva ed intellettiva", ritenuta propria di un contesto socio-culturale non elevato ed una delle condizioni predisponenti, non sia un aspetto così significativo, nella genesi della malattia. Nel Nucleo eravate tutti appartenenti ad un livello medio-alto, da questo punto di vista.

Ma ciò, non vi ha preservato dall'insorgenza della patologia, con grave deterioramento cognitivo e con tutte le terribili manifestazioni descritte.

Riprenderò più avanti il discorso sulle possibili cause della malattia.

Ritornando invece al Nucleo Protetto...

Piano piano è andata meglio, ma le prime volte che ti venivo a trovare, uscivo da lì con la nausea.

Mi mancava l'aria. Mi sentivo soffocare e respingevo con forza tutto l'orrore a cui avevo assistito, del quale anche tu ormai facevi parte. Altre volte mi sentivo completamente svuotata oppure, essendo totalmente frastornata, avevo bisogno soltanto di silenzio. Di stare da sola.

In certe occasioni, seduta in tram mentre andavo al lavoro, osservavo gli altri passeggeri, ascoltandone i discorsi spesso molto banali. In quei frangenti, avevo come l'impressione di condurre una doppia vita, che nessuno, non vivendo quello che stavo affrontando io, avrebbe potuto minimamente comprendere.

Da una parte, proseguiva la realtà quotidiana, fatta per lo più di innocua, noiosa, ma anche rassicurante "normalità". Dall'altra, mi trovavo a dovermi adattare ed a gestire il dramma rappresentato dalla tua malattia, lo strazio nel vederti ormai in quello stato, la violenza e l'orrore del posto in cui eri ricoverato, aspetti che non avevano nulla di ordinario e che, sebbene mi sforzassi, continuavano a sembrarmi assolutamente inconcepibili ed assurdi.

Alcune volte, uscendo dall'RSA, quando il dolore per ciò a cui avevo assistito era troppo acuto, avvertivo la necessità di qualcosa di altrettanto forte, che mi consentisse di allontanarmi e di liberarmi. Di scaricare la tensione emotiva. Mi sarebbe piaciuto, allora, possedere una moto, prenderla e guidarla per chilometri a tutta velocità, in modo che la potenza del motore, la strada percorsa ed il vento contro di me, mi aiutassero a ripulirmi, a calmarmi, per poi ritornare nella conosciuta, tranquilla e confortante quotidianità.

A volte succedono cose strane.

Cose che magari hanno spiegazioni assolutamente razionali o banali ma che, considerate da un altro punto di vista, possono assumere un diverso significato e rappresentare anche degli aiuti, in talune avverse circostanze della vita.

Una di esse è capitata il giorno in cui sei stato ricoverato, quando, dopo averti lasciato in RSA, siamo tornati a casa. Tu ormai eri là, in quell'orribile posto, confuso, disorientato, non autonomo, irresponsabile ed irrevocabilmente ammalato.

Eppure, quando siamo rientrati, affranti per il dispiacere e preoccupati anche per l'onere economico che il tuo ricovero avrebbe inevitabilmente comportato, è successa una cosa che è stata come un tuo messaggio; come se tu fossi ancora lì, a casa tua e stessi bene; come se fossi sempre tu, alla fine, ad occuparti e a prenderti carico delle difficoltà della famiglia.

La mamma ha disfatto e ribaltato il vostro letto e... nascosti probabilmente da chissà quanto, ha trovato ben 700 Euro in contanti!!

Forse il tuo modo, papà, per dirci che, sebbene non più con noi, non ci lasciavi soli, a portare l'enorme peso della tua malattia.

PROTEGGILI

Marzo 2014.
«Questo è per te, da parte del nonno».
Nessuno parla.
Il momento è davvero commovente e triste.
Io, per non peggiorare le cose, come sto facendo da quando ti sei ammalato mi sforzo di non piangere, cercando di manifestare la maggior serenità possibile.
Siamo a casa tua e della mamma e stiamo festeggiando i diciotto anni di Alessio, il maggiore dei tuoi nipoti.
Tu sei ricoverato in RSA, sempre più offeso dalla malattia e lontanissimo da tutti noi, ormai.
Eppure, anche da parte tua, c'è un regalo per il festeggiato.
È un Buono Postale, che avevi acquistato alla nascita di Ale e che avevi messo da parte, con l'intenzione e la disposizione, nel caso tu non fossi presente, di consegnarlo a tuo nipote, quando fosse diventato maggiorenne.
Il momento è arrivato.
Purtroppo, non puoi essere tu, di persona, a recapitare il dono all'interessato e quindi ci ha pensato la mamma, che adesso ha appena dato il tuo regalo ad Alessio.
Non credo se lo aspettasse ed immagino che, oltre alla sorpresa, siano stati anche per lui enormi, sia il dispiacere per le tue condizioni, sia la commozione, perché, sebbene assente, non lo hai dimenticato nel giorno del suo diciottesimo compleanno.
Come quando stavi bene.
I tuoi nipoti, papà....
Alessio, il maggiore, il figlio di Stefano, arrivato nella vita di tutti noi all'improvviso, come un bellissimo e preziosissimo regalo che non ti aspetti. Cresciuto, per diverse circostanze familiari, praticamente a casa tua e della mamma; particolarmente affezionato a noi. A te.
«*Oooh, guarda... viene sempre lì così?*», ti aveva chiesto una

volta intenerito e commosso lo zio Carlo, il quale, in visita insieme alla zia Graziella, ti aveva trovato sul divano con Alessio che, di poco più di un anno, dormiva beatamente tra le tue braccia.

Tu e la mamma, quando era piccolo, a fine inverno lo portavate sempre al mare con voi.

E a Milano, tu andavi spesso in giro con lui. Una volta, ricordo, avevi speso uno sproposito per regalare a tuo nipote un cappellino con visiera, acquistato nello store di un'importante casa automobilistica, dove eravate andati a curiosare.

Quando la tua malattia stava inesorabilmente avanzando e dando drammatici segni di sé, per cui ti mostravi confuso e disorientato, una volta ho chiesto ad Alessio se fosse impressionato, nel vederti ridotto in quello stato. Lui mi ha risposto: «*No...*» e poi, dopo un attimo di silenzio, ha aggiunto: «*Non che non mi dispiaccia, però...*». Deve essere stato difficile anche per lui accettare e superare prima il male e, poi, la tua scomparsa dalla vita terrena.

E gli altri tuoi due nipoti, papà?

I figli di Alessandro, arrivati dopo Alessio, gli unici che, venuti in visita in RSA pochi giorni prima della tua scomparsa, siano riusciti a strapparti un sorriso, assente da tempo dal tuo volto, divenuto, per la malattia, ormai quasi del tutto rigido ed inespressivo.

Federico, il maggiore, un bellissimo ragazzino che sta crescendo. Anche se non lo ha mai manifestato apertamente, deve essere stato molto affezionato a te. Il momento del tuo funerale, in chiesa, è stato accompagnato dal pianto sconsolato di questo tuo nipote, probabilmente al suo primo, diretto, spietato e duro impatto con la morte.

E Lorenzo, il più piccolo, anch'egli un bambino bellissimo e particolarmente loquace; vedendoti anziano e con i capelli bianchi, forse ti deve aver sempre considerato una figura autorevole e molto saggia. Una volta, a scuola, era stato chiesto a lui ed ai compagni di disegnare come si immaginavano potesse essere Dio. Al che Lorenzo aveva riprodotto, peraltro molto bene, il tuo ritratto, a cui aveva aggiunto il commento: «*Per me Dio è come il mio nonno Augusto...*».

Ovunque tu sia, se puoi, proteggili, papà.

Come mi piace pensare stiano facendo i miei nonni con me, veglia suoi tuoi nipoti.

Guidali nelle scelte ed aiutali nelle difficoltà, affinché, illuminato da te, il loro percorso di vita possa essere il meno tortuoso ed il più sereno possibile.

COM'È DIFFICILE

«...*Non ti potrò scordare,*
piemontesina bella,
sarai la sola stella
che brillerà per me...».

Che pugno nello stomaco improvviso ed inaspettato, questa canzone, adesso.
È della tua epoca ed è un'altra di quelle che cantavi sempre tu, papà.
Non la sentivo da tantissimo tempo, da quando ero bambina, da quando stavi bene.
Mentre in questo momento sei su una sedia a rotelle perché fai fatica a camminare, sempre più devastato dal purtroppo inarrestabile avanzare della malattia.
Forse neanche la senti, la canzone che sta riecheggiando nell'aria o magari sì, ma essa non ha più alcun significato per te, che te ne stai lì, dietro gli occhiali da sole, completamente inespressivo ed apatico.
Siamo anche questa volta nel giardino privato del Nucleo Protetto della RSA, in cui sei ricoverato da qualche mese.
Nello spiazzo di fronte all'ingresso principale, adiacente all'area dove ci troviamo noi, è in corso un evento ricreativo, dedicato a voi ospiti.
Essendo tutti anziani, vi fanno ascoltare canzoni della vostra epoca, così da proporvi qualcosa di familiare, che vi faccia sentire a vostro agio e, in qualche modo, "a casa", anche se siete ricoverati qui.
La maggior parte di voi del Nucleo Protetto non sta però partecipando all'evento.
Siete troppo deteriorati cognitivamente, con comportamenti imprevedibili, disfunzionali e sempre più lontani dalla contingenza, per potervi prendere parte.
A volte gli animatori cercano di coinvolgere anche voi, ad esempio attraverso un'attività di socializzazione che con-

siste nel mettervi in cerchio, individuare un "compagno di sventura" e tirargli una palla.
Ciò dovrebbe forse avere anche lo scopo di mantenere le funzioni motorie e prassiche residue.
Ma nel tuo caso, i tentativi di farti partecipare sono falliti miseramente: ormai presti una minima o nulla attenzione a quello che ti succede intorno, non comprendi le consegne degli animatori e, di conseguenza, non sai cosa devi fare, quando qualcuno ti lancia la palla o quando tu, a tua volta, la devi passare ad altri.
Questi programmi riabilitativi e di animazione avranno sicuramente una loro validità ed utilità, almeno per qualcuno.
Dentro di me, però, scatenano un'indicibile tristezza. Come la canzone che ho sentito poco fa.
Sono qui a farti compagnia nel giardino del Nucleo Protetto e sto parlando con un'operatrice sanitaria, la quale mi sta raccontando che da qualche tempo si sente un po' stanca e si accorge di piangere per niente.
Anch'io, alle note ed alle parole della canzone che ho riascoltato dopo secoli, ho un groppo in gola, un magone che faccio fatica a contenere.
Anch'io avrei voglia di piangere, di sfogare tutto il dolore che mi tengo dentro, da quando tu non sei più tu. Da quando te ne stai andando così.
Mi sforzo in continuazione di fare la persona equilibrata, saggia, consapevole, forte, che presta attenzioni, ascolto e conforto, a chi sta vivendo lo stesso dramma o a chi, per motivi di parentela o di lavoro, se ne deve occupare.
E allora, anche in questo caso, dico solo all'operatrice con cui sto parlando: «*Oddio no, questa canzone no... la cantava sempre mio papà; adesso sta venendo da piangere anche a me...*», dopodiché, con uno sforzo titanico, ricaccio indietro le lacrime e mi impongo di smetterla di pensare, di ricordare.
È inutile. Chi non prova non può capire fino in fondo.

Ma da quando ti sei ammalato così gravemente, è come se fosse iniziata un'altra vita.

Ho scoperto e l'ho anche consigliato ad alcuni parenti di qualche tuo compagno di sventura, che se non si pensa al passato ed a come eravate da sani, il dramma che stiamo vivendo diventa più sopportabile.

Ma il passato c'è stato, accidenti. E la canzone che intonavi tu quando ero bambina, adesso, l'ha riportato prepotentemente a galla. Come un pugno improvviso ed inaspettato, appunto, che ha fatto partire un'onda, uno tsunami di ricordi e di emozioni, da cui rischio di venire travolta. E non deve accadere. Non ora. Altrimenti non ce la faccio a continuare. Diventa troppo evidente e dolorosa la discrepanza che c'è tra la realtà attuale e la memoria di papà, che adesso non c'è già più. Ma che è vivo ed ha assolutamente bisogno di me, anche se non mi riconosce, non sa chi sono e non riesce a condividere gli stessi pensieri, gli stessi ricordi, le stesse emozioni.

Non è solo la tua, di storia, ad essersi confusa, sfilacciata e dispersa, a causa dei danni irreversibili della malattia. È anche la mia, la nostra. È questo che faccio davvero fatica ad accettare.

Perché, da quando stai così, mi pare impossibile che tu, un tempo, possa essere stato bene, sano, lucido, presente e padre. Mi sembra che tutto ciò riguardi un'altra persona.

Non ce la faccio, in questa fase, a far rientrare nello stesso percorso il "prima", rappresentato da te sano, ed il "dopo", costituito dal te ammalato.

Mi costa troppo. Avrei bisogno di tempo, di spazio, per far affiorare ed esprimere il dolore, affinché, sfogandolo, si attenui o scompaia del tutto.

Ma non è possibile. La situazione richiede presenza ed energie, la massima attenzione, lucidità e razionalità. Bisogna fare scelte importanti, che riguardano te, la tua assistenza, le tue cure. Ed è necessario esserci, soprattutto per la mamma, che soffre, che è anziana e va protetta, af-

finché, a causa della fatica e del dispiacere, alla fine non si ammali anche lei.
Per questo mi difendo.

La corazza in cui mi sono avvolta per tutto il tempo della tua malattia, mi ha permesso di schivare o di parare i colpi, spietati e crudeli, che mi arrivavano, ad ogni tuo peggioramento.
Perché è stato un incessante precipitare, anche dopo l'episodio della canzone descritto.
Una dietro l'altra sono venute meno le tue funzioni cognitive e, con esse, la tua vita e te stesso.
Ad un certo punto, è stato anche il momento del linguaggio, della lettura e della scrittura.
Un dispiacere enorme, quando non sei riuscito più neanche a scrivere, perché, nonostante il grave deterioramento, almeno questa capacità l'avevi conservata a lungo.
Ti lasciavamo in RSA giornali, riviste e quaderni, affinché tu potessi leggere e scrivere.
Erano il tuo passatempo. Trascorrevi ore ed ore con la testa china su essi, come facevi a casa, quando stavi bene e ti dedicavi ad innumerevoli questioni.
Anche in RSA, dicevamo che "lavoravi" quando sfogliavi le riviste, pur senza comprendere leggevi i giornali, oppure scrivevi sui quaderni. Ed essendo stato da sano un "gran lavoratore", la tua tenacia non era venuta meno. Sebbene ammalato e ricoverato, non ti staccavi un attimo dalle tue carte.
Certo, avevi bisogno di una guida, di qualcuno che ti seguisse, nei tuoi gesti e nei tuoi discorsi. Chiedevi in continuazione, indicando gli oggetti, i testi, le immagini: «*E questooo?*».
La mamma trascorreva interi pomeriggi con te, in RSA.
Faceva fatica a lasciarti da solo. Diceva che il momento di andare via era il più penoso, perché, in quel frangente, emergeva più che mai il tuo essere fragile, incapace di

badare a te stesso, bisognoso di attenzioni, di istruzioni, di affetto.
Poi non lo hai più fatto, ma: «*E io? Cosa faccio io, adesso?*», chiedevi al momento dei saluti serali smarrito e forse anche un po' spaventato, durante i primi mesi del tuo ricovero.
Era straziante e la mamma faceva davvero fatica a venire via.
Nella drammaticità della cosa, talora, non so davvero da dove, trovavamo però anche il modo di ridere, di alcune tue trovate. Una volta, ad esempio, ti stavamo facendo scrivere i nomi di tutti noi familiari.
Io che li dettavo, ad un certo punto ti ho detto: «*Scrivi, Paola...*» e tu, forse non comprendendo o non riuscendo a pronunciare bene ciò che avevi appena sentito da me, hai esclamato: «*Peppino!*». La mamma ed io siamo scoppiate allora in una gran risata e, subito dopo, mi sono ritrovata a riflettere su come, in quella tragedia, potessimo avere ancora la voglia e le energie per farlo, ma anche sulle innumerevoli ed inaspettate capacità di adattamento e di accettazione dell'essere umano, di fronte alle avversità della vita.
Tornando però alle tue funzioni cognitive...
I parenti dei tuoi compagni di sventura, i quali, ormai, non ne erano già tutti più in grado, erano ammirati dal fatto che tu riuscissi ancora a leggere ed a scrivere.
Un aspetto che invece aveva molto colpito me, al quale, come ad altri che hanno caratterizzato la malattia, non sono ancora riuscita a dare una spiegazione razionale, era il fatto che, per qualche tempo e nonostante il deterioramento cognitivo diventasse sempre più pervasivo e grave, tu riuscissi ad effettuare calcoli matematici, come ad esempio le addizioni. Oltretutto, con una rapidità che aveva proprio del sorprendente e dell'inspiegabile.
I primi tempi del ricovero in RSA scrivevi, sotto dettatura, ma scrivevi. Poi, dopo l'ennesima ischemia cerebrale,

come i tuoi compagni di sventura non ci sei riuscito più nemmeno tu.

Quello che producevi, con la penna in mano ed un foglio di carta, erano allora soltanto dei tratti o delle linee.

È stato brutto, papà. Un'altra parte di te che se ne andava così e che non sarebbe più tornata.

Una parte importante, perché hai sempre scritto tanto, nella tua vita. Annotavi in continuazione cose da fare, eventi accaduti, scadenze, aspetti amministrativi, ma anche riflessioni e pensieri.

Nessuno di noi, da quando sei mancato fisicamente, ha avuto ancora il coraggio di mettere mano alle tue cose. Ma nei cassetti e su alcuni ripiani del buffet del salotto di casa tua e della mamma, in quello che, insieme al tavolo, è stato per molti anni "il tuo quartier generale ed il tuo ufficio" ci sono sicuramente centinaia di tuoi "pizzini", cioè pezzi di carta, fogli, ritagli di giornale, copertine di faldoni, raccoglitori e cartellette, scritti da te.

E per quanto riguarda il linguaggio?

Contrariamente a quanto ci si poteva aspettare, data la tua indole silenziosa, come scrivevo prima l'eloquio ad un certo punto è diventato particolarmente fluente, ma, con il tempo e l'avanzare della malattia, sempre più caratterizzato da neologismi, privo di sintassi, confuso, disorganizzato, delirante, fino ad essere, negli ultimi tuoi momenti di vita, costituito solo da suoni o versi e, infine, dal silenzio più totale.

Una volta, venendomi incontro insieme alla mamma all'ingresso dell'RSA, mi hai detto: «*Hai fatto un labadino? Un labadino? Ma no, dai!*».

Dopodiché, con dolcezza e sorridendo, mi hai anche accarezzato il volto.

Tu non immagini, papà, cosa darei, ancora adesso, per sapere cosa volevi dire, quel giorno. A cosa pensavi e cosa provavi. Forse credevi che mi fosse successo qualcosa, che avessi qualche preoccupazione o problema, che stessi

male? Per questo eri forse dispiaciuto e, con ciò che hai detto, accompagnato da una tenera carezza, avevi cercato di rassicurarmi e consolarmi? Forse ti sei accorto che le parole non ti uscivano giuste e, a causa di ciò, ti sei sentito frustrato o a disagio?
Non lo saprò mai.
Data la pressoché totale incomunicabilità che la caratterizza, cosa pensi e cosa senta, davvero, una persona affetta dalla tua patologia, credo sia un mistero che rimarrà imperscrutabile, per chiunque e per sempre.
Quella volta mi sono sforzata ed ho cercato di tenere a mente tutto quello che hai detto, in modo da annotarlo, giunta a casa, per non dimenticarlo.
E questo, in momenti diversi, è ciò che hai pronunciato, quel giorno:
«*Perché c'è... vado... tappeeete... al mio paese...*».
Poi, muovendo una penna nell'aria e come disegnando dei bordi immaginari: «*C'era... era grande così... una malacchia*».
Al che io ti ho chiesto: «*Una malacchia?*» e tu mi hai risposto: «*Sì, una malacchia... io ne avevo uno...*».
Poi hai continuato: «*Per sistemare il deplano o quello che è... così tutti i documenti... una cizina...*».
Dopo ancora, indicando la fotografia di una donna seduta su un cuscino bianco su una rivista che stavi sfogliando: «*Questa... nella neve... se la fa un po' sotto...*».
E di seguito: «*Io non so fare più niente... poi chiediamo a nostro figlio...*»; «*Non sono molto a posto...*».

Adesso basta, però.
È ancora troppo straziante, per me, ricordare e scrivere ciò che a causa della malattia avevi perso e quello che ormai eri diventato, papà.
Tu, che quando ero piccola cantavi, con la tua bellissima voce. Che parlavi tante lingue straniere. Che amavi i viaggi, i bambini, la natura e gli animali. Che scrivevi in

continuazione ed annotavi la vita con la tua elegante grafia. Che eri preciso, metodico, scrupoloso, ordinato, forte, tenace, responsabile.

Mi fa ancora troppo male raccontare ciò che ho dovuto ad un certo punto sforzarmi di accettare, affinché lo strazio ed il dispiacere non mi travolgessero, in modo da poter proseguire, nell'accudirti e nell' accompagnarti, in quello che ancora rimaneva del tuo percorso.

COS'È SUCCESSO?

Ma adesso è arrivato il momento.
Di dire che cosa, oltre all'età, al tabagismo ed ai tuoi problemi di salute fisica, ha a mio avviso avuto un ruolo fondamentale, nel dare origine a ciò che ho scritto fin qui.
Di raccontare, per come è stata descritta a me, la tragedia familiare accaduta a te, ai nonni, alla zia Alberta ed allo zio Carlo.
Di far sapere come gli eventi traumatici possano segnare il percorso di un essere umano.
Di spiegare perché, ad un certo punto, il tuo cammino sia stato caratterizzato dalla necessità di caricarti sulle spalle un fardello di dolore, il quale, sebbene a tratti si facesse sentire in tutta la sua gravosità, sei riuscito per buona parte della tua esistenza a sostenere, ma che, ad un certo punto, ha iniziato a diventare sempre più pesante, vincendoti pian piano con la sua forza e fiaccandoti progressivamente nel fisico e nell'anima, fino a quando, per sopravvivere, non ti è rimasta altra possibilità se non la fuga e ti sei quindi così gravemente ed irrimediabilmente ammalato.
E allora, cosa ti è capitato di tanto tremendo, papà?

3 Febbraio 1944
Oggi è San Biagio, protettore della gola ed uno dei patroni di Magenta.
In tale città, nonostante sia in atto la Seconda Guerra Mondiale, è giorno di festa.
C'è una fiera, come da tradizione iniziata nell'800. Ci sono bancarelle, con generi alimentari, tra cui la *"Busecca"*, cioè la trippa, la polenta con i *"pisitt"*, ovvero i pesciolini fritti, le castagne. Ci sono musica, colori ed un po' di allegria.
Tu, hai da poco compiuto sedici anni, papà. Abiti nella casa di Marcallo, vicino a Magenta, con i nonni, la zia Alberta di qualche anno maggiore di te e lo zio Carlo, all'epoca dodicenne.
Ma non solo.
Nella vostra famiglia, c'è qualcun altro.
È tuo fratello Ambrogio, ma non quello molto più giovane, di cui ho parlato nelle pagine precedenti e nato proprio durante questo tragico anno.
Si tratta invece di "Gino", come veniva chiamato da tutti, il tuo terzo fratello maschio e, comprendendo anche la zia Alberta, il quinto figlio dei nonni.
Gino è più grande di te. Ha diciassette anni e, tra qualche mese, ne compirà diciotto.
È un bellissimo ragazzo, con grandi e profondi occhi scuri, lineamenti del viso regolari, folti capelli neri che porta pettinati all'indietro. Ha studiato e lavora come tecnico grafico.
Oggi, con la nonna Giuditta, ha deciso di andare a Magenta, alla fiera di San Biagio, a comprare le collane di castagne secche, i *"Firon"*, come si dice in dialetto milanese.
Tu sei a Milano, credo, a lavorare con il nonno Felice.
La nonna e Gino si incamminano verso Magenta.
Una volta arrivati, immagino che abbiano girato tra i banchi della fiera, curiosando, chiacchierando, mangiando e ridendo, tra loro. Hanno forse incontrato e salutato alcuni conoscenti, la nonna, probabilmente, qualche "comare"

di Marcallo, mentre, tuo fratello, dei giovani amici.
«*'Dem a cà, Gino!*» («*Andiamo a casa, Gino!*»), dice ad un certo punto la vostra mamma, forse stanca o preoccupata per le incombenze domestiche, oppure come spinta da un oscuro e nefasto presentimento.
Tuo fratello, però, decide di rimanere ancora un po' e la nonna, dopo averlo salutato, torna a Marcallo.
E, all'improvviso, il dramma.
Tra la folla della fiera di San Biagio, compaiono dei Fascisti. Si creano dei disordini.
Le "*Camicie Nere*" si mescolano alla gente. Iniziano a correre. Sparano.
Uno di loro, punta l'arma in direzione di Gino. Preme il grilletto.
Un maledetto proiettile, allora, colpisce tuo fratello sotto la mandibola. Ne perfora il cranio. E stronca così, per sempre, la sua giovane vita.

Forse sorpreso, in un disperato quanto inutile tentativo di difendersi, oppure in preda ad un dolore lancinante, Gino, dopo essere stato colpito, deve essersi portato una mano sotto al volto, nel punto dove è entrata la pallottola. Poi è stata lavata via, ma sul muro a cui tuo fratello si è appoggiato e, accasciandosi, in un attimo così inaspettato, assurdo e tragico, è morto, è rimasta l'impronta di una mano insanguinata...

PARLAMI, PAPÀ

Ti prego, parlami.
Ovunque ti trovi, dettami tu le parole che devo scrivere, adesso.
Aiutami a dire, ciò che tu hai sempre taciuto. A dar voce a quel male, che ti sei portato dentro, da quando avevi solo sedici anni e la tua vita è improvvisamente, inesorabilmente e tragicamente cambiata.
Da quando tuo fratello Gino, un giovane ed innocente ragazzo diciassettenne, è stato così barbaramente ed ingiustamente ucciso.
Raccontami del dolore, lancinante e devastante, che devi aver provato quando ciò è successo. Dell'immenso e straziante dispiacere, per la prematura perdita del tuo caro fratello.
Di colui che, fino a quel momento, era stato parte integrante della tua famiglia. Dei tuoi legami più forti. Dei tuoi affetti più veri. Di te.
Chissà, da bambini, quanti giochi, scorribande, sport, risate e, da ragazzi, sigarette, confidenze, progetti per il futuro, avete condiviso. Credo che mai, fino a quel momento, nonostante fosse in atto una guerra mondiale, nella tua breve e spensierata vita tu abbia anche soltanto lontanamente potuto pensare che quel caro fratello, di poco maggiore di te, un giorno, all'improvviso, ancora in giovane età, potesse andarsene così. In un attimo. In modo atroce ed assurdo.
Per colpa della guerra. La quale, per le sue logiche perverse, che altro non sono se non una meschina, gretta, arida, stupida sete di potere, travestita da fedeltà ad un qualche colore, schieramento, bandiera o religione, a questo, in realtà, serve soltanto. A seminare odio, orrori, disumanità, distruzione. A generare paura e dolore. A spezzare vite, legami, affetti. A lasciare vuoti, incolmabili.
Fammi allora sentire, affinché io ne possa scrivere, l'im-

mensa forza della rabbia che, passato il primo istante di sgomento, deve essere esplosa potente, furibonda ed incontenibile, dentro di te, per il modo tanto violento, ingiusto e folle, in cui Gino è morto. Alimentando, ne sono certa, un istintivo e naturale desiderio di giustizia se non addirittura di vendetta. Chissà quanto avresti voluto cercare chi ti aveva così barbaramente ammazzato il fratello e vendicarti.

Anche perché, e ciò contribuiva a renderne ancora più crudele, paradossale e beffarda la sorte, da quello che mi è stato raccontato Gino conosceva il suo uccisore, in quanto erano forse stati persino compagni di scuola. Probabilmente, molte volte, prima che l'orrore, la cecità e la stupidità della guerra li rendesse assurdamente nemici, avranno parlato, giocato e studiato, insieme. Molte volte, magari, si saranno sostenuti ed aiutati l'un l'altro, come se fossero, anche tra loro, fratelli.

Per questo, la tua rabbia ed il bisogno di vendetta devono essere stati ancora più forti, con un enorme, pressante ed urgente desiderio di lasciarli esplodere.

Per fortuna non lo hai fatto, papà. Grazie a Dio, qualcuno ha vegliato su di te e ti ha protetto; ti ha preservato dal compiere un gesto che avrebbe potuto segnare ulteriormente ed in modo inesorabilmente negativo il tuo percorso; ti ha evitato di macchiarti di un crimine che, sebbene commesso con tutte le ragioni del caso, non avrebbe fatto altro che alimentare l'odio, la distruttività, la disumanità e la follia, proprie dello scenario in cui, ciò che è accaduto al tuo povero fratello, va collocato.

Qualcuno o qualcosa ti ha frenato.

In parte, deve essere stata la paura, che andava a sommarsi al dispiacere ed alla rabbia, essendo quanto accaduto inserito in un sistema ed in dinamiche molto più grandi e potenti di te, per cui, probabilmente, sei stato costretto a non agire ed a tacere, per evitare che vi fossero ripercussioni o ulteriori aggressioni nei confronti della vostra

famiglia. Ed anche questo, deve aver contribuito ad accrescere il tuo dolore: l'essere cioè obbligato a subire passivamente la violenza di quanto successo, senza poter in qualche modo reagire o difenderti.
Comunque, hai avuto l'incredibile forza e lo straordinario coraggio di fermarti.
Certo, pagandone un prezzo altissimo.
Perché, da quel momento in poi, il dispiacere, la rabbia, la paura ed il vissuto di impotenza, a cui si aggiungeva forse anche un immotivato ma tuttavia esistente senso di colpa, per non essere stato presente e non aver potuto, in qualche modo, difendere il tuo povero fratello, non ti hanno lasciato più.
E allora, aiutami tu, papà.
Fa che sia io, adesso, attraverso le mie parole, a restituirti ciò che non c'è stato. A darti la possibilità di spiegare cosa ha voluto dire, per te, questa tragedia. A liberarti, da questo dolore. Urlalo, papà, una volta per tutte. Grida cosa hai pensato, cosa hai vissuto, cosa avresti voluto dire e cosa avresti voluto fare, dopo che ti hanno così brutalmente ucciso il tuo caro fratello Gino.
Sfruttala, questa opportunità. Prenditela adesso, questa libertà, visto che, quando eri vivo e stavi bene, non lo hai mai fatto.
Non ne parlavi mai o, almeno, non con me.
Una volta, da bambina, un po' per curiosità, un po' per farti dire qualcosa che ti stava particolarmente a cuore, ti ho chiesto: «*Raccontami di quando è morto il Gino...*».
Ma tu, forse perché il dolore era troppo forte, per non mostrarti ai miei occhi vulnerabile e fragile o anche per proteggermi da simili atrocità della vita, mi hai risposto: «*No*».
Quel poco che da piccola, allora, sapevo della vicenda, l'avevo appreso dai racconti della nonna Giuditta e di qualche altro tuo parente.
E quindi, da bambina, la storia di questo giovane la cui

vita era stata così prematuramente e tragicamente stroncata, lo zio Gino, che purtroppo non ho mai conosciuto, sono sempre stati per me rappresentati dall'immagine di un bellissimo ragazzo, dai capelli folti e dagli occhi profondi, ritratto in una fotografia incorniciata e posata sul buffet della casa di Marcallo o, in miniatura, portata al collo dalla nonna Giuditta.

È sempre stato il *"Por Gino"* (*"Il povero Gino"*), come lo chiamava la vostra mamma.

Un contributo fondamentale alla ricostruzione dei fatti, lo ha alla fine fornito lo zio Carlo, con uno scritto pubblicato sul libro di Paola Chiesa, *"I Caduti ed i Dispersi di Marcallo con Casone nella Seconda Guerra Mondiale, con la collaborazione del 1° Maresciallo Riccardo Zibellini"*.[5]

Riporto alcuni stralci della rievocazione dello zio:

"Pur essendo bambino a quel tempo, rivivo quanto accaduto come se fosse oggi.
Dal balcone di casa mia... io e mia madre vediamo tanta gente guardare verso di noi. Mia madre si rivolge ad una signora, che abita di fronte a noi, per chiederle il perché di tanta gente e cosa è successo. Detta signora risponde che Gino (così è chiamato mio fratello), si è fatto male ad un braccio ed è ricoverato in ospedale... io e mia madre ci avviamo dove un signore effettua servizio di trasporto con carrozza e cavallo... tanta gente ci osserva, tra lo stupore di mamma...".

(All'ospedale di Magenta):*"ci vengono incontro alcuni militi che ci indicano ove si trova mio fratello, ossia in fondo al corridoio. Essi non sanno che mia madre è ignara dell'accaduto... appena fatta la curva, vediamo mio fratello steso su una barella, col viso reclinato dalla parte dove è stato colpito dalle pallottole dum-dum. Il corpo è nudo, eccetto la parte bassa, che è coperta. Mia madre, alla vista di tale orrore, senza urla e tragedie, si butta sul figlio. Ogni altro commento è superfluo...".*

---

5   2009, Guardamagna Editori in Varzi

"Mio padre, tornando da Milano alle 20.00 circa, ove lavorava, trova mio zio che si era portato alla stazione per prepararlo... purtroppo, in quei tempi era stato impossibile avvisare subito papà, causa difficoltà di comunicazione. Lo zio ragguaglia papà sui disordini avvenuti durante la Fiera di S.Biagio, in Magenta. Alla notizia che Gino è ricoverato, mio padre vola verso l'ospedale. All'ingresso, il portiere, ignaro che mio padre è all'oscuro della realtà, gli risponde che il figlio si trova in camera mortuaria e gli dà una candela per cercarlo tra gli altri morti. Il resto è superfluo...".

Lo zio ha dedicato inoltre una parte del suo racconto a descrivere come si sono svolte le esequie, disposte non senza difficoltà. Dalla sua ricostruzione, si evince infatti che le autorità fasciste, temendo il verificarsi di disordini, avevano ordinato di portare il corpo di Gino al cimitero alle sei del mattino.

Vi era poi stata presso il Tribunale di Milano un'udienza tra il nonno Felice e l'addetto tedesco all'ordine pubblico di Milano e Provincia; erano state avviate quindi tutte le opportune indagini su Gino, il quale era risultato non aver fatto nulla, essere disarmato e non renitente alla leva; infine, era stata concessa l'autorizzazione ad effettuare il funerale alle ore dieci.

Osserva lo zio che alle esequie del vostro giovane fratello era presente tanta gente, inclusi parecchi Partigiani e che tutti si sono comportati in modo esemplare. La stessa considerazione l'effettua in conclusione, scrivendo che la famiglia aveva avuto modo di constatare quanto, all'epoca dei fatti, tutte le autorità locali si fossero comportate correttamente, evidenziando altresì la particolare comprensione dimostrata dal Comune di Marcallo/Casone, che aveva concesso la donazione perpetua del lembo di terra del cimitero in cui Gino è sepolto.

Di seguito, invece, la ricostruzione ed alcune considerazioni dello zio relative al momento dell'uccisione:

"Durante la fiera di S.Biagio di Magenta - 3 Febbraio 1944 - affluivano reparti di camicie nere, si dice provenienti da Legnano....".

"...Ad un certo punto, in via 4 giugno, poco prima della Casa Giacobbe, detti militi incominciano a rincorrere alcuni giovani e nasce il fuggi-fuggi. I fascisti sparano e colpiscono mio fratello, che certamente fuggiva pure. Si disse che fu un errore...".

"...In merito all'ideologia di mio fratello, non sappiamo se fosse iscritto a qualche associazione partigiana o simpatizzante. A quel tempo nessuno poteva esternare la sua fede politica, in quanto tortura, deportazione e morte erano all'ordine del giorno. Pertanto, nessuno sa se è stato colpito volutamente, scambiato per qualche altro, per errore o per dimostrare la decisione delle camicie nere. Ogni persona presente ha dato la sua versione.
Per noi e per altri si è trattato di "errore" nello sparare ad un giovane innocente ad opera di dissennati altri giovani...".

Ed anche per me è così, papà.

Ho scritto di questa tragica vicenda perché ti riguarda da vicino.

Perché fa parte del tuo percorso di vita e, come scrivevo, in esso ha a mio avviso avuto un ruolo fondamentale, nel determinare la persona che sei stato.

Il resto non mi interessa.

Non ho rievocato questi fatti storici per cogliere l'occasione di fare propaganda politica, per schierarmi da una parte o dall'altra, caldeggiando o contrastando una qualche ideologia. Né, leggendo le mie parole, voglio che altri lo facciano.

Sono comunque molto riconoscente a chi, nel corso degli anni, indipendentemente dallo schieramento e dal credo politico, in occasione di qualche circostanza, ricorrenza, anniversario, cerimonia o evento, ha voluto ricordare i fatti descritti e questo giovane, la cui vita è stata così prematuramente e tragicamente stroncata. E mi farà molto piacere, se si continuerà a mantenere vivo nel tempo il ricordo di Gino.

Era il 1944 ed era in atto la Seconda Guerra Mondiale, il conflitto armato più grande della storia, che, tra il 1939 ed il 1945, aveva coinvolto nazioni di tutti i continenti. Schieramenti opposti combattevano sui vari fronti ma anche nelle città, nei paesi e nelle strade, perché, in buona parte, si è trattato di un conflitto insorto e portato avanti per motivi ideologici.

Da un lato, vi era la Germania Nazista di Adolf Hitler, che tra il 1941 e il 1942 aveva invaso tutta l'Europa; l'Italia, in cui vigeva il Regime Fascista di Benito Mussolini; ed il Giappone.

Dall'altro, gli "Alleati", ovvero la Gran Bretagna, la Francia, gli Stati Uniti d'America e, in un secondo tempo, anche l'Unione Sovietica, mentre, a livello politico, l'Antifascismo, una corrente ideologica sviluppatasi progressivamente dagli anni '20 fino all'inizio della Guerra, nell'ambito di cui, in Europa, si era diffuso il movimento di *"Resistenza Partigiana"* o, più semplicemente, *"La Resistenza"*.

Anche la Lombardia, Milano, Marcallo e Magenta erano quindi in guerra. Anche a casa vostra, i Fascisti della Repubblica di Salò, con i Nazisti, contrastavano *"La Resistenza"* dei Partigiani che, insieme alla popolazione civile ed agli "Alleati" lottavano contro il nemico, per la liberazione del Paese e la fine del conflitto.

La mia lettura storica e politica di quanto è successo finisce però qui.

Perché ciò di cui voglio parlare è qualcosa di molto più profondo e complesso.

È vero, era in atto un conflitto mondiale, la violenza imperversava ovunque ed eventi come la tragica uccisione di tuo fratello erano purtroppo all'ordine del giorno.

Ma ciò non può e non deve giustificare o rendere meno grave quanto accaduto.
Perché la guerra non è soltanto un mero elenco di date, di eventi, di battaglie, di vincitori e di vinti.
È, in realtà e prima di tutto, un dramma umano. A prescindere dalle motivazioni che l'hanno scatenata, dalle ideologie, dagli schieramenti e dalle forze in campo.
È l'annullamento del diritto alla libertà di ogni individuo, di pensare, di agire, di vivere, di essere, indipendentemente da ciò in cui crede.
È il convivere con la paura, che, piano piano, diventa la quotidiana realtà ed una triste normalità; che si caccia nelle ossa e nelle viscere; che fa stare all'erta, ad ogni istante e ad ogni passo; che fa tremare, al minimo rumore, bagliore o movimento; che porta a guardarsi costantemente alle spalle, a vegliare, a diffidare persino dei parenti o degli amici, a scappare, nascondersi, difendersi, combattere, sparare, uccidere.
È la totale impotenza del bene, di fronte alla mostruosità del male.
È l'orrore e l'ingiustizia, contro cui non vale più nulla, né la forza, né il coraggio, la logica, il buonsenso, la pietà, gli affetti.
È il terrore e l'impossibilità di farvi fronte.
È un trauma che rende scoperti, spaventati, deboli, soli, indelebilmente segnati da ferite che, insieme a quelle del corpo, rimangono sull'anima e difficilmente smetteranno di sanguinare o, se si rimarginano, lasceranno cicatrici che bruceranno per sempre.
È questo papà, ciò di cui voglio in realtà scrivere.
Del male vero, profondo ed inguaribile, vissuto dalla vostra famiglia e da te, per quello che, a causa della guerra, è successo a tuo fratello Gino.
La mia cara, coraggiosa, forte ed unica nonna Giuditta, pur nel dolore devastante ed immenso che deve aver provato, fin dai primi istanti dopo la tragedia aveva dimo-

strato di essere profondamente consapevole del reale e più complesso dramma di quanto accaduto, dando prova di enorme dignità, saggezza e spessore umano.
Tutti voi, in realtà, avete reagito all'improvvisa e tragica morte di Gino con una compostezza ed una sobrietà davvero ammirevoli, ma, ne sono convinta, con uno sforzo enorme e spegnendovi in parte con lui.
Perché la tragedia vi ha inevitabilmente segnato.
Questa perdita improvvisa, violenta e drammatica, vi ha colpito nel profondo, aprendo una falla in ciò che fino a quel momento erano state le robuste maglie che intessevano i vostri legami ed affetti più autentici. Vi ha privato della sicurezza e della serenità che, pur nelle difficoltà quotidiane accresciute dalla guerra in atto, aveva caratterizzato fino a quella tragica giornata la vostra vita personale e familiare.
Il fatto che, in un attimo, un gesto scellerato di un giovane che aveva agito perché inserito in un sistema ed in un contesto ancora più folle di lui, avesse potuto annullare così barbaramente ed ingiustamente l'esistenza di un innocente ragazzo, vi deve aver fatto sentire come se, a quel punto, nulla più fosse dotato di una qualche logica o significato.
Come se il male fosse sempre lì, ad attendere, anche se vi era la rassicurante protezione della famiglia, anche se apparentemente le cose stavano andando bene e, soprattutto, quando meno ve lo aspettavate.
Senza alcuna possibilità di difesa.
Generando quindi, oltre al profondo dispiacere che non vi avrebbe più abbandonato, vissuti di insicurezza, di impotenza, di ansia, di paura e rendendovi, da quel momento in poi, più esposti, vulnerabili e fragili, verso l'esterno, gli altri, la vita.
E ciò, riguardava sia la vostra famiglia, sia ciascuno di voi.
Tu, i nonni, la zia Alberta, lo zio Carlo, per cercare di proteggervi e, nonostante tutto, di continuare a vivere, vi

siete allora chiusi nel vostro soffrire, nascondendolo, non manifestandolo e, forse, anche negandolo.

In parte, perché profondamente scossi e terrorizzati dalla paura di eventuali ritorsioni, perché, nel contesto in cui l'evento è accaduto, come scrivevo tragedie di questo tipo erano all'ordine del giorno, venendo di conseguenza tacitamente subite e "sopportate" ma, a mio avviso, anche a causa dell'entità della sofferenza, troppo immensa e straziante per poter essere lasciata libera di esprimersi.

Il male, però, c'era.

Con gli altri raramente parlavate di quanto accaduto. Non so se tra voi, a distanza di anni, lo abbiate mai fatto, se abbiate condiviso il dolore o se ognuno se lo si sia tenuto per sé, portandoselo dentro per il resto della vita e fingendo di stare bene, per non apparire debole, per andare avanti e non soffrire.

Ma con immenso rispetto per i nonni e gli zii, ai quali rivolgo un pensiero colmo di comprensione e di affetto, è soprattutto di te, che adesso mi preme scrivere, papà.

Perché qualcuno, dopo che tuo fratello è stato ammazzato, si sarà mai preoccupato di come sei stato tu?

Al pari di quello degli altri tuoi familiari, il male giaceva, in una parte ben nascosta e protetta, di te.

La mamma dice che quando anni dopo ti ha conosciuto, le avevi mostrato un ritaglio di giornale che custodivi nel portafoglio e che, credo, fosse stato pubblicato all'epoca dei tragici fatti, in cui si parlava di Gino e della sua uccisione.

Oltre a ciò, anche a tua moglie non hai mai detto molto altro.

A volte però, come scrivevo nelle pagine precedenti, il dolore si riacutizzava e si faceva sentire.

Attraverso le tue ansie, le tue ubbie, i tuoi malumori, i tuoi scatti di rabbia. Ed i tuoi incubi.

«*Aiuto! Aiuto!*», ti sentivo, a volte, da bambina, dalla mia camera, urlare nel sonno, di notte.

Ma con i tuoi viaggi in giro per il mondo, che devono esserti serviti a prendere le distanze da ciò che era successo, con i rituali ossessivi-compulsivi, attraverso cui controllavi le emozioni e, in generale, compiendo uno sforzo titanico, sei pressoché riuscito a contenere ed a gestire la sofferenza, senza che essa prendesse il sopravvento.
Soltanto quando la malattia ha iniziato a dar segni di sé, il dolore ti ha vinto e si è aperto un varco, dapprima lentamente, attraverso la Depressione insorta dopo che hai smesso di lavorare, in seguito, rafforzandosi, quando sono venute a mancare la nonna Giuditta e la zia Alberta e infine, esplodendo in maniera definitiva, per cui, per difenderti, hai potuto soltanto fuggire, ammalandoti nel modo tanto drammatico che ho descritto.
Allora, ad un certo punto, qualcosa è venuto fuori, di quello che sentivi.
Quando lo zio Carlo aveva scritto la sua rievocazione della tragedia occorsa a Gino ed alla vostra famiglia, tu, in relazione alle difficoltà legate allo svolgimento delle esequie, avevi aggiunto a penna una tua frase, che poi però, non so perché, non è stata pubblicata.
Diceva così:
"Assieme a papà sono stato anch'io dall'ufficiale tedesco di cui sopra, che ha rilasciato il permesso per il funerale. Per difficoltà a trovare subito un mezzo di trasporto, il percorso, sia all'andata che al ritorno, io ed il papà lo abbiamo fatto con le nostre due biciclette."
Per quanto mi riguarda, è stata l'unica volta in cui ho avuto modo di sentirti dire direttamente ed esplicitamente qualcosa della vicenda. E ti deve essere costato tantissimo. Lo capisco dalla grafia con cui hai scritto quella nota: contrariamente al solito, le lettere delle parole sono accavallate, ad indicare fatica e sofferenza, nel farle emergere.
Questo ritornare alla tragedia accaduta a tuo fratello Gino, deve averti comunque molto scosso.
Dev'essere stato un riaprirsi di una ferita mai del tutto ri-

marginata, che, spalancando una porta sui tuoi ricordi, pensieri ed emozioni, ha iniziato a farti vacillare ed inesorabilmente ammalare.

Un giorno, intorno al 2010, eravamo tutti, noi figli e nipoti, riuniti a casa tua e della mamma.

Ad un certo punto, mentre eravamo a tavola, il corso dei tuoi pensieri e del tuo eloquio è andato sul tema della guerra... all'improvviso hai smesso di parlare, il tuo viso si è contratto in una smorfia di dolore e poi, dopo aver sommessamente mormorato «*Il mio povero fratello...*», sei scoppiato in un lunghissimo, sconsolato e disperato pianto a dirotto.

Laura, tua nuora e moglie di Alessandro, presente anch'ella in quel momento, vedendoti in tale stato si è commossa e ti ha detto: «*Su, su, non faccia così, se no fa piangere anche me*».

Anch'io sono rimasta colpita, perché era la prima volta che ti vedevo piangere. Da un lato, però, ne ero anche contenta: finalmente, il nodo di sofferenza che ti portavi dentro, iniziava a sciogliersi.

Un'altra volta, più o meno nello stesso periodo, ero di nuovo a casa tua e della mamma. Tu pranzavi in cucina, mentre io ero in salotto. Ad un certo punto, la mamma è venuta da me e, con le lacrime agli occhi, mi ha detto: «*Papà è di là che piange per suo fratello...*».

Al che io le ho risposto: «*Lascialo piangere, almeno si sfoga...*».

Il male, era ormai potentemente ed inesorabilmente esploso, facendosi sentire in tutta la sua violenza.

La sera del tragico giorno in cui tuo fratello è stato assassinato, credo dopo una giornata di lavoro, tu tornavi a casa, come sempre.

Secondo il racconto della nonna Giuditta, eri avvolto in un lungo tabarro scuro.

Procedevi con il tuo passo deciso, la sigaretta in bocca e fischiettavi. Allegro, spensierato, pieno di entusiasmo, di progetti e di voglia di vivere. Bello, giovane, forte, invincibile. Ignaro, del destino beffardo e crudele, che ti stava aspettando sulla porta di casa.

Ti ha accolto la nonna, la quale, severa, ti ha rivolto queste parole: «*Sifula no, che l'è mort el Gino*» («*Non fischiare, che è morto il Gino*»).

E improvvisamente, drammaticamente ed inesorabilmente, tutto, per te, è mutato, per sempre.

Un colpo violentissimo ti deve aver accecato, stordito, arrestato il respiro e la parola.

Il male, talmente forte da non riuscire ad emergere, deve essere allora diventato un urlo strozzato, che ti è rimasto in gola.

La luce, deve essersi come spenta. Un buio spettrale ed un freddo glaciale ti devono essere scesi sull' anima.

La vita, in un attimo, deve aver cambiato colore, forma, direzione e prospettiva.

Un minuto prima, eri solo un ragazzo. Subito dopo, in maniera tanto tragica, crudele, spietata ed irrevocabile, sei diventato adulto.

Ti sei trasformato in un uomo.

Un uomo, però, profondamente ed irrimediabilmente ferito, che con il suo caro e giovane fratello, aveva perso per sempre la spensieratezza, l'allegria, la sicurezza, il coraggio e l'entusiasmo per vivere.

Da solo ed in silenzio, ti sei quindi caricato sulle spalle un pesantissimo fardello ed hai iniziato un faticosissimo cammino di dolore, convivendo e lottando quotidianamente contro il dispiacere, la rabbia, il senso di colpa, il vissuto di impotenza e la paura.

Fino a che, sempre più affaticato e, alla fine, stremato, hai iniziato ad ammalarti e poi, morire.

AGOSTO 2014:
LA NATURA LO SA

Gli ultimi tuoi tre mesi di vita, da maggio ai primi di agosto 2014, sono una ferita ancora non del tutto rimarginata, per me, papà.

Come scrivevo prima, ti avevamo dovuto trasferire in una RSA fuori Milano, perché quella dove sei stato ricoverato per dieci mesi, costava troppo.

Lo spostamento e ciò che ne è seguito sono stati semplicemente devastanti.

Tu ormai eri lontanissimo da tutto e da tutti, uno scheletro che a stento si reggeva in piedi, un'anima che, sempre di più, si stava staccando dalla vita terrena.

Non credo ci siano parole per descrivere lo strazio di tutti noi familiari, nel vederti ridotto in quello stato.

Poi, anche se cognitivamente non lo hai realizzato, il fatto di essere stato improvvisamente stanato dal nido che eri riuscito a costruirti nella precedente RSA, in quella che era diventata la tua nuova casa, deve essere stato traumatico, per te.

Il primo giorno di inserimento nel nuovo contesto è stato drammatico.

Tu, nella precedente struttura così tranquillo, docile e benvoluto da tutti, tu, che dovevi essere sostenuto per reggerti in piedi e camminare, quando io, la mamma e Stefano ci siamo allontanati per qualche ora, hai dato fuori di matto.

Hai sfoderato non so da dove quel poco di energia e di forza di volontà che, mentre ti stavi già lentamente accomiatando dalla vita, ancora ti rimaneva, hai tirato fuori il tuo coraggio da leone, da combattente, da guerriero, proprio di chi non cede e fa il possibile per ribellarsi ad ogni forma di sopruso, costrizione ed ingiustizia.

Forse hai percepito di trovarti in un posto diverso, ti sei accorto di essere circondato da persone nuove, ti sei sentito in pericolo. E ti sei difeso. Hai cercato di fuggire. Con

una forza inaudita, davvero non so come, ti sei alzato in piedi e, camminando da solo sulle tue gambe, ti sei avvicinato alla prima porta che ti è capitata di fronte, ribellandoti violentemente ed aggredendo fisicamente gli operatori che cercavano di trattenerti.
Poi, quando noi siamo tornati, ti sei calmato.
Non è stato un buon inizio e neanche un bel biglietto da visita.
Nella nuova struttura, non eri inserito in un Nucleo Protetto e non tutti gli operatori erano a mio avviso sufficientemente preparati per gestirti nel modo adeguato. Secondo me alcuni sbagliavano nell'interagire con te e tu, di conseguenza, diventavi aggressivo.
Quest'inizio così burrascoso, poi, deve averli spaventati un po' tutti, deve averli portati a classificarti come un paziente violento e pericoloso, da cui doversi guardare e dal quale stare alla larga.
Per questo, credo, non ti hanno preso molto in simpatia e non tutti ti sono stati vicino.
Certo, quella era una struttura diversa dall'altra, non dotata di un Nucleo specifico per malati di Alzheimer e dove erano ricoverate quasi esclusivamente persone anziane, magari fisicamente non autosufficienti ma che non avevano bisogno di assistenza particolare. Degenti che, se lasciati soli, erano comunque lucidi ed in grado di gestirsi da sé.
Tu, invece, andavi accudito, seguito e contenuto, in ogni momento e per ogni minima cosa.
Ma ciò non è accaduto ed a mio avviso sei stato molto solo, lì dentro.
Sono poi successe cose spiacevoli, con alcuni operatori e altre figure sanitarie, sia durante la degenza, sia il giorno della tua morte, sia in seguito. Cose di cui preferisco non parlare in questa sede, ma che hanno rappresentato per me un ulteriore dispiacere, nel dramma e nel dolore che già, con la tua malattia, stavamo vivendo.

Perché da parte di qualcuno, ho percepito a tratti come una sorta di astio anche verso noi familiari, impegnati ad accudirti.
E non c'era ragione, che fosse così. Non era una guerra. Ti avevamo affidato a loro affinché si prendessero cura di te. Tu non eri responsabile del tuo star male e dei tuoi comportamenti. Noi eravamo straziati dal dolore, come te eravamo la parte debole, bisognosi di comprensione, di collaborazione e di supporto, che invece, non sempre ci sono stati.
Comunque, al di là dei rapporti non del tutto facili con la struttura, mi fa ancora molto male ricordare questa fase della tua malattia.
Mi sento ancora devastata da uno strazio e da un dolore senza fine nel ripensare a quando ti venivo a trovare e ti vedevo lì, solo, sempre più consunto dal male, che guardavi senza vedere, che ascoltavi senza capire, che eri ormai chissà dove, ad aspettare la morte.

Di quel periodo, forse il più brutto della tua malattia, voglio però ricordare due cose positive.
Innanzitutto, essendo la struttura fuori città e dotata di un ampio giardino, hai potuto trascorrere parte delle tue ultime ore all'aperto, come piaceva a te.
Inoltre, al sabato pomeriggio davo il cambio alla mamma nell'accudirti e stavo con te. Noi due soli.
Conservo il ricordo di questi ultimi attimi trascorsi insieme, come un preziosissimo bene.
Mi prendevo cura di te, come se fossi un bambino. Ti imboccavo, dandoti la merenda a base di frutta sminuzzata che la mamma amorevolmente ti preparava, ti pulivo la bocca, ti facevo bere un gel, perché la sola acqua ti andava di traverso e soffocavi, chiedevo una sedia a rotelle e ti portavo fuori, a respirare l'aria fresca e pulita di una primavera e di una natura che erano comunque sbocciate e continuavano a vivere, ti spingevo, percorrendo il peri-

metro della struttura, a volte anche velocemente perché, sebbene non parlassi più, eri in qualche modo riuscito a farmi capire che ti divertivi, quando andavamo forte. Ti coccolavo e ti rassicuravo. Cercavo di trasmetterti tutto il bene, immenso, che provavo per te.

Poi, ad un certo punto, la fine è arrivata.

Il tuo organismo, devastato dal male, forse per un'ancestrale consapevolezza rispetto all'inutilità della propria esistenza, invece di continuare a combattere per vivere, si deve essere deprogrammato per morire.

Ed è andato in tilt.

Io, ancora prima che dagli inequivocabili segni clinici, ho avvertito nettamente dentro di me, che il momento stesse arrivando.

Per tutto il tuo ultimo mese di vita, ho avuto infatti un'inspiegabile sensazione di nausea, non riuscendo più ad ingerire né a digerire persino l'acqua. È stato come se vivessi il tuo prendere commiato dalla dimensione fisica insieme a te.

Tu allora, hai iniziato a non poter più deglutire e, di conseguenza, mangiare. Hai avuto anche un'infezione.

Ti è costata sempre più una fatica inaudita tenere gli occhi aperti che, ad un certo punto, ancora prima di andartene, hai chiuso per sempre.

Gli ultimi giorni li hai trascorsi a letto, immerso in un profondissimo sopore, o almeno così ti trovavamo noi familiari quando venivamo a trovarti, mentre le figure sanitarie dicevano che a tratti ti risvegliavi e reagivi. Ti stavano anche sottoponendo ad accertamenti clinici, nel dubbio che il tuo eccessivo dimagrimento fosse dovuto ad un carcinoma.

Ma io, la mamma, Stefano ed Alessandro, attraverso la consapevolezza dell'amore che ci legava a te, sapevamo ormai con certezza e senza esami clinici cosa ti stesse accadendo.

La tua ultima mattina di vita, sarei dovuta venire io, in RSA, da te.

Il giorno prima eravamo stati tutti al tuo capezzale (anche lo zio Ambrogio era passato a salutarti) e ti avevamo lasciato molto male. Io, quasi, non volevo venire via, perché mi aspettavo che non avresti superato la notte.

Anche la mamma, come me, deve aver sentito e compreso attraverso i canali dell'anima, che il momento fosse alle porte e quella mattina ha insistito per venire lei pure, dicendo che non voleva lasciarmi da sola.

Arrivando presso la struttura anche con Stefano, abbiamo udito in lontananza la sirena di un'autoambulanza... era venuta a prendere te, chiamata dal personale sanitario, preoccupato per una tua crisi respiratoria.

Sono poi seguiti momenti concitati, in cui ci sono stati anche dei diverbi tra gli operatori della struttura e quelli del 118, in merito alle tue condizioni.

Non so esattamente cosa si siano dette le varie figure sanitarie, perché si sono chiuse in camera con te e ci hanno lasciati fuori.

Ad un certo punto, la dottoressa del 118 è venuta a spiegarci la situazione.

Appena l'ho vista uscire dalla stanza, mi aspettavo di sentirle dire che era finita, per te.

Invece no. Il tuo fisico era allo stremo. Voleva morire. Ma tu, ancora, lottavi.

Dalle informazioni che la dottoressa ci ha fornito, abbiamo appreso che, avendoti trovato molto disidratato, il personale del 118 aveva deciso di portarti in ospedale, per procedere ad una re-idratazione.

Io però non volevo. Avevo la certezza che si stesse trattando dei tuoi ultimi momenti e che niente sarebbe servito più a nulla, ormai. Che era finito ciò che avrebbe potuto fare l'essere umano ed era iniziato, inesorabile, quello che la Natura, molto più grande, antica e saggia, aveva stabilito, per te.

Di fronte ad un momento così solenne ed immenso, volevo quindi che ti lasciassero in pace. Desideravo calma. E silenzio.
Alla fine però, essendo anche la mamma d'accordo, è stato deciso per il trasporto in ospedale.
Ti hanno quindi portato su una barella fuori dalla stanza, dicendoci: «*Potete salutarlo, se volete...*».
Appena ti ho visto, ho avuto la conferma di quello che già da giorni, ormai, vivevo dentro di me: la morte era con te.
Ero sicura, senza alcuna possibilità di replica, che vivo, in quell'organismo ed in questa dimensione, non saresti tornato più.
Abbiamo quindi avvisato anche Alessandro, che ci ha raggiunto in ospedale, a Pavia.
Sei arrivato in Pronto Soccorso in condizioni disperate.
Metà del tempo che ancora ti rimaneva l'hai trascorsa in Terapia Intensiva; ci sono stati anche dei momenti di tensione, fatti di telefonate con l'RSA che diceva di non essere attrezzata per riprenderti indietro e di difficoltà da parte del personale ospedaliero, che non poteva tenerti lì, in un reparto d'urgenza, ma che non era sicuro di riuscire a trovare un altro letto disponibile, dove tu potessi morire.
Alla fine, ti hanno portato in Medicina Generale, in un settore nuovo ed all'avanguardia.
E lì, tirando fuori di nuovo tutta la forza ed il coraggio del leone che sei stato, hai lottato ancora per molte ore, costantemente monitorato ed accudito dalle cure e dalla squisita umanità che il personale sanitario ospedaliero ti ha riservato, nonché circondato da tutti noi, che ti abbiamo accompagnato in questo tuo ultimo pezzetto di strada.
Fino a quando la Natura ha detto basta. E tu l'hai dovuta ascoltare.
Ad un certo punto, hai smesso di lottare, hai deposto le armi.
E all'una e un quarto di una notte d'agosto, te ne sei andato, papà.

DEMENZA/ALZHEIMER: CHE FARE?

Dicembre 2017
Ho scritto queste righe per ritrovarti, papà, ma soprattutto perché ho qualcosa da dire.
Per lanciare un appello.
E quindi: qualcuno deve fare qualcosa.
Chi ne ha il potere, la competenza, la facoltà, per favore, intervenga.
Agisca in qualche modo, di fronte ad una malattia così grave, devastante e drammatica, che si sta diffondendo sempre più, nel mondo e tra la popolazione italiana. Che costa veramente troppo, a chi ne è affetto, ai "Caregivers", alle famiglie ed alla società.

Ho voluto raccontare la storia di mio padre e la nostra esperienza diretta, nella speranza che ciò potesse in qualche modo servire a richiamare l'attenzione, a scuotere ed a far riflettere, su questa tragica realtà.
Lettori, mi auguro di cuore che mi abbiate seguita fin qui e di essere riuscita nel mio intento, permettendo di ritrovarsi a chi, come noi, ha vissuto o sta vivendo la stessa esperienza e trasmettendo anche, a coloro che se ne occupano o che ne sapevano poco o nulla, tutto il dolore da essa generato.

Avviandomi verso la conclusione, riprendo il discorso sulla malattia, approfondendola da un punto di vista più scientifico e fornendo quindi informazioni rispetto alle ricerche, alle conoscenze, agli aspetti clinici.
Desidero poi condividere alcune osservazioni su quello che ritengo essere uno dei problemi principali, ovvero l'assistenza all'ammalato.

Dunque, per capire bene l'entità del problema, partiamo da alcuni dati.

Le fonti principali sono: l'*Alzheimer's Disease International (ADI)*, cioè la Federazione Internazionale delle Associazioni Alzheimer nel mondo, il*World Alzheimer Report 2016*, una recente ricerca sull'evoluzione del fenomeno negli ultimi anni condotta dal CENSIS, Centro Studi Investimenti Sociali, in collaborazione con l'AIMA, Associazione Italiana Malattia di Alzheimer e con il contributo di Lilly.

DATI STATISTICI

Persone affette da una qualche forma di Demenza:
- Nel mondo: 47 milioni
- In Italia: oltre 1 milione e 200.000

Soggetti globalmente interessati ogni anno:
- 10 milioni, ovvero 1 ogni 3 secondi

Si tratta di cifre destinate a crescere sempre di più, a causa dell'allungamento della vita media e dell' invecchiamento della popolazione, fino a raggiungere i 75 milioni nel 2030 e i 131-135 milioni nel 2050.

In particolare, per quanto riguarda la Malattia di Alzheimer e l'Italia, le persone affette risultano essere oltre 600.000. È anche questa una cifra in progressivo aumento.

AMMALATI DI ALZHEIMER:
Età media: 78,8 anni, cresciuta rispetto al passato
Situazione lavorativa: il 72% sono pensionati
COSTI IN ITALIA:
- Costi diretti: oltre 11 miliardi di Euro, di cui il 73% a carico delle famiglie

CAREGIVERS:
- Età media: 59 anni, anch'essa aumentata rispetto al passato
- Sono prevalentemente i figli dei malati, in particolare per le pazienti femmine (64%)
- Aumentati però negli ultimi anni anche i partner (37% nel 2015), soprattutto se il paziente è maschio
- Il 40% non lavora, pur essendo in età lavorativa
- Il 10% è disoccupato
- Il 59% segnala cambiamenti nella vita lavorativa, soprattutto le assenze ripetute
- Il 27% delle donne occupate ha richiesto un part time, più frequentemente rispetto al passato

ASSISTENZA:
Ore al giorno dedicate dai Caregivers all'ammalato:
- 4,4 per l'assistenza diretta
- 10,8 per la sorveglianza

Oltre che sulla sfera lavorativa, tale impegno ha delle comprensibili e significative conseguenze anche sullo stato di salute dei Caregivers.

In particolare tra le donne, vengono infatti frequentemente riportati stanchezza, carenza di sonno, sintomi depressivi, tendenza ad ammalarsi.

Sono in aumento gli ammalati che vivono a casa propria e che sono assistiti dalla badante (38%).

Nel caso in cui il malato usufruisca della badante e di uno o più servizi (ad esempio di Centri Diurni o di Assistenza Domiciliare Integrata), il tempo libero dei Caregivers viene segnalato come in aumento del 77%.

Mi sembra evidente quanto la questione sia grave e quanto necessiti di un immediato e mirato intervento risolutivo.

Come emerge chiaramente dai dati esposti, il fenomeno

è sempre più in crescita, soprattutto in Paesi quali l'Italia, che è il più longevo d'Europa.

Come ho voluto evidenziare raccontando anche la storia di mio padre, ha inoltre delle ricadute molto serie, in termini economici, lavorativi, di tempo, di qualità della vita e di salute psicofisica, non solo per gli ammalati ma anche per i familiari, inevitabilmente coinvolti.

Quindi, considerando sia quanto emerso in occasione della *Alzheimer's Association International Conference (AAIC)*, tenutasi nel 2016 a Toronto, in Canada e nel 2017 a Londra, sia quanto portato all'attenzione più volte dalle varie agenzie che si occupano della questione, tra cui la Federazione Alzheimer Italia e l'Associazione Italiana Malattia di Alzheimer, sia la nostra personale esperienza, nonché i casi di tanti compagni di sventura di mio padre, delle loro famiglie e di diversi altri parenti e conoscenti affetti dalla stessa patologia, credo sia assolutamente necessario investire sempre di più su questo enorme problema, in termini di tempo, di attenzione, di risorse economiche, sanitarie ed assistenziali.

Come raccomandato anche dall'Organizzazione Mondiale della Sanità, per approfondire, accrescere, potenziare ed ottimizzare la conoscenza, l'evitamento e le modalità di gestione della malattia, credo che le priorità da porsi siano essenzialmente:
- la prevenzione e la riduzione del rischio
- un elevato livello di assistenza.

Certo, in questo senso, molto è stato fatto, negli ultimi anni.

CAUSE DELLA MALATTIA

Rispetto al passato, sono stati ad esempio individuati con più precisione i meccanismi neurofisiologici e le cause, alla base della patologia.

Per quanto riguarda la Malattia di Alzheimer, da alcune ricerche è emerso che la distruzione dei neuroni è causata da due proteine, la Beta Amiloide e la Tau-Anomala, il cui metabolismo diviene alterato, con conseguente soffocamento delle cellule nervose, riduzione (atrofia) del tessuto corticale, "placche senili ed ammassi neurofibrillari", perdita di connessioni neurali.

Gli studi hanno preso in considerazione anche le aree del cervello in cui sembra avere inizio il deterioramento delle cellule nervose ed i neurotrasmettitori implicati.

Da alcune ricerche condotte, una di tali aree sembrerebbe essere l'Ippocampo, che è la sede della nostra memoria.

È stata inoltre rilevata una diminuzione nella produzione di Acetilcolina, sostanza fondamentale per il funzionamento dei neuroni che, a questo punto, non riescono più a comunicare normalmente.

Da una recente scoperta effettuata presso l'Università Campus Bio-medico di Roma, la parte del cervello in cui ha origine la degenerazione dei neuroni sembra invece essere l'Area Tegmentale Ventrale, dove viene prodotta la Dopamina, il neurotrasmettitore che regola il tono dell'umore.

La morte dei neuroni in quest'area causerebbe il mancato apporto di Dopamina anche nell'Ippocampo e sarebbe quindi tale processo a favorire la perdita della memoria.

Ma l'aspetto fondamentale proprio della recente scoperta italiana, è rappresentato dal legame che, a questo punto, sembrerebbe esservi tra i Disturbi dell'Umore e l'Alzheimer: la diminuzione di Dopamina genera infatti Depressione e quindi, tale patologia appare essere una delle cause all'origine della malattia.

Per altri tipi di Demenza, come presumibilmente lo è stata quella di mio padre, sono stati individuati in problemi vascolari i principali responsabili dei danni cerebrali e del decadimento cognitivo.

In alcuni casi, la malattia di Alzheimer e la Demenza Vascolare possono anche coesistere.
Si è giunti comunque a definire le alterazioni neurofisiologiche che si verificano e la conseguente patologia neurodegenerativa come "multifattoriale", ovvero causata da un insieme di più fattori.
Essi sembrano essere principalmente:
- l'età: può esservi un esordio precoce, anche dopo i trent'anni anni, ma il rischio aumenta superati i sessantacinque
- gli aspetti legati all'invecchiamento, quali le variazioni del DNA e delle cellule nervose, la pressione alta, una maggiore esposizione allo sviluppo di malattie cardiache, l'indebolimento dei naturali sistemi di riparazione dell'organismo
- alcune mutazioni genetiche
- lo stile di vita, in termini di alimentazione, fumo, attività fisica e relazioni interpersonali
- lo stress e gli eventi traumatici
Sono in atto anche ricerche finalizzate a verificare se altri fattori, quali ad esempio il sesso (le donne, a causa delle alterazioni ormonali dovute alla menopausa, sembrerebbero più a rischio degli uomini), siano effettivamente rilevanti.
Ulteriori studi hanno preso in considerazione altri aspetti, tra cui i traumi cranici ed il livello socio-culturale.
In occasione della già citata *International Alzheimer Association Conference*, tenutasi nel 2017 a Londra, è stato presentato uno studio pubblicato sulla rivista britannica *"The Lancet"*, in cui si pongono in evidenza, tra i principali fattori di rischio, l'ipertensione, l'obesità, il Diabete di tipo 2, la perdita dell'udito ed il basso livello d'istruzione.
Quest'ultimo aspetto, come scrivevo prima, almeno per quanto riguarda la nostra esperienza, non sembrava caratterizzare il campione di cui facevano parte mio padre ed i suoi compagni di sventura dell'RSA.

TRATTAMENTO E PREVENZIONE

Un aspetto di cui ultimamente si è sottolineata l'importanza, è la diagnosi precoce.

A tale proposito, sul territorio italiano sono state ad esempio attivate le Unità di Valutazione Alzheimer o CDCD, Centri per i Disturbi Cognitivi e Demenze. Per quanto riguarda il trattamento, sono stati individuati farmaci, terapie e programmi riabilitativi, finalizzati, se non alla guarigione, purtroppo non possibile allo stato attuale delle conoscenze, quantomeno ad agire a livello sintomatico, rallentando il deterioramento cognitivo, mantenendo le funzioni residue, permettendo di contenere e di gestire più adeguatamente le alterazioni comportamentali come il vagabondaggio, l'impulsività e l'aggressività, migliorando così la qualità della vita degli ammalati e dei Caregivers.

Ad esempio, è diffusa ed utilizzata anche in Italia la "Terapia Occupazionale".

Si tratta di un programma inizialmente sperimentato in altri paesi europei, quali Francia, Olanda, Germania ed Inghilterra, che risulta particolarmente efficace se applicato a domicilio e nelle fasi iniziali della malattia. Il programma aiuta a mantenere il più possibile l'autonomia dell'ammalato ed a ridurre le alterazioni comportamentali, attraverso il coinvolgimento anche del Caregiver nell'ottimizzazione delle attività di vita quotidiana, quali l'igiene personale, la cura di sé, l'abbigliamento, l'alimentazione, gli orari in cui svegliarsi ed andare a letto, l'arredo, gli oggetti e la sicurezza della casa, la modulazione dei tempi e delle azioni in base alle capacità ed alle esigenze del paziente, lo sviluppo di consapevolezza rispetto a ciò che accade.

Ultimamente, si parla anche della possibilità di un vaccino. La rivista scientifica *"Nature"* ha pubblicato a tale proposito uno studio della Flinders University di Adelaide, Australia, condotto in collaborazione con l'Institute of Molecular Medicine e l'University of California, USA. I risultati di tale studio mostrano che il vaccino, agendo sulle proteine Beta-Amiloidi degradate che bloccano e danneggiano i neuroni, interverrebbe nello stadio iniziale della malattia. I primi test sull'essere umano sono previsti entro il 2018.

L'Organizzazione Mondiale della Sanità, ha adottato il Piano Globale di Azione sulla Risposta di Salute Pubblica alla Demenza 2017-2025, invitando attraverso esso i governi ad impegnarsi per una maggiore consapevolezza rispetto alla malattia, alla ricerca, alla riduzione del rischio, alla diagnosi, all'assistenza ed al supporto alle famiglie.

Il mese di settembre è da diversi anni universalmente dedicato alla patologia e si tiene nel corso di esso la Giornata Mondiale Alzheimer.

L' Airalzh Onlus, Associazione Italiana Ricerca Alzheimer, da qualche anno promuove la ricerca, attraverso bandi rivolti a giovani ricercatori italiani.

Si sta cercando anche di attivare sempre più mirate strategie di gestione dell'ammalato e di supporto alle famiglie, attraverso i Centri Diurni, l'Assistenza Domiciliare Integrata, i temporanei Ricoveri di Sollievo, i Nuclei Protetti all'interno delle RSA, le associazioni, i numeri telefonici, le piattaforme online, gli spazi e gli eventi dedicati, da cui poter trarre informazioni ed aiuti.

Nel 2014 in Italia è stato approvato il Piano Nazionale Demenze (PND), messo a punto dal Ministero della Salute in collaborazione con le Regioni, l'Istituto Superiore di Sanità, le Associazioni nazionali dei pazienti e dei familiari, che fornisce indicazioni per la promozione ed il miglioramento degli interventi.

Si sta già facendo molto, è vero.
Ma non basta.

Ancora troppe persone, purtroppo, si ammalano di Demenza ed ancora troppo alto è il prezzo che, per ciò, si deve pagare.

Questo riguarda prima di tutto il paziente, che si trova a dover vivere la fase conclusiva della propria esistenza perdendo l'identità, la dignità ed in totale non autonomia. Ma come ho già evidenziato più volte, riguarda anche i familiari, devastati dal dispiacere, dal peso economico, dalla difficoltà nella gestione quotidiana del congiunto affetto dalla patologia e dalla necessità di dover stravolgere pure la propria, di vita.

È necessario quindi andare avanti e fare ancora di più. La diagnosi precoce rappresenta davvero un primo passo importante. Individuare con sempre più precisione i precursori o i primissimi segnali di malattia, può infatti servire non soltanto a rallentarne il decorso ma, probabilmente, anche a prevenirla.

L'esordio è spesso subdolo, si pensa ad altre patologie, così vi sono errori di diagnosi e perdita di tempo prezioso. Si arriva cioè troppo tardi, quando la malattia è già conclamata ed avanzata al punto da rendere ormai inutile qualsiasi terapia o altra forma di intervento.

È quindi assolutamente necessario concentrare attenzione e studi su tutto ciò che potrebbe "preannunciare" la patologia.

Un recente studio, condotto presso l'Università di Bari, ha posto in evidenza come, attraverso alcune Risonanze Magnetiche ed un algoritmo, sia possibile prevedere l'insorgenza di una Demenza anche dieci anni prima della sua comparsa.

Ancora, sono stati ultimamente individuati dei cambiamenti emotivi e comportamentali, definiti *Mild-Behavioral Impairment (MBI)*, quali ad esempio l'ansia, l'agitazione, l'aggressività verbale, le attività ripetitive, la tendenza a vagare, l'apatia, l'isolamento, il rifiuto del cibo e delle cure, che, manifestandosi prima del caratteristico e già noto deficit di memoria, appaiono rappresentare un significativo campanello d'allarme.

Nel nostro caso avevamo capito ad un certo punto che qualcosa non stesse più funzionando come prima, ma era già troppo tardi. Le ischemie cerebrali, hanno in brevissimo tempo reso irreversibile un declino già in atto, che, probabilmente, durava da molto tempo, da molti anni.

E allora, proprio alla luce della storia di mio padre, non solo di ammalato ma anche di uomo, credo che, nella riduzione del rischio di malattia e nell'ottica di una diagnosi precoce, sia necessario andare più a fondo e molto più "a monte"

Ritengo infatti che non si possa prescindere dallo scavare nella storia e nel percorso di vita del paziente.

Penso quindi sia in primo luogo necessaria una valutazione a 360°, non solo della malattia, ma anche e soprattutto del paziente, in tutti i suoi aspetti.

Chi è il malato di Demenza? Chi è stato? Come vive? Come ha vissuto?

Perché egli si è ammalato ed altri soggetti, a parità di condizioni anagrafiche e socio-culturali, sono stati al contrario preservati dall'insorgenza di questo orribile male?

Cosa rende alcune persone più vulnerabili di altre, rispetto alla patologia?

Oltre ai fattori prima elencati, possono avere un ruolo ad esempio anche le caratteristiche di personalità?

Determinati aspetti emotivi?

Qual è il peso effettivo degli agenti prima citati e già oggetto di studio, quali ad esempio lo stile di vita, lo stress, gli eventi traumatici?

Vi sono ricerche che hanno già evidenziato il ruolo importante di tali fattori, nell'insorgenza della malattia.

Per quanto riguarda ad esempio lo stile di vita, come per la prevenzione di altre patologie, risultano prima di tutto fondamentali delle sane abitudini, quali una corretta alimentazione, l'attività fisica, l'assenza di dipendenze come quella da tabacco, il coltivare relazioni interpersonali, il tenersi costantemente impegnati, in modo da mantenere il cervello allenato a funzionare regolarmente.

In particolare un'alimentazione ricca di fibre e di acqua, unita all'attività fisica, ovvero di frutta e verdura, che, unita all'attività fisica, risulta avere un fondamentale ruolo preventivo, in quanto consente di diminuire alcuni dei fattori di rischio evidenziati dal succitato studio pubblicato da "The Lancet", quali il peso corporeo, l'ipertensione ed i casi di diabete.

Riflettendoci, quanti di noi vivono in maniera non adeguata?

Nel vortice della quotidianità e, a volte, a causa di problematiche di carattere economico, lavorativo, sociale, relazionale, indipendenti dalla nostra volontà, spesso spendiamo l'esistenza in maniera non sana.

A volte, essendovi delle necessità e delle priorità, non abbiamo altra scelta ma, nella maggior parte dei casi, la prevenzione di malattie terribili come la Demenza, può partire proprio da noi stessi.

Molto, infatti, potremmo fare tutti, per migliorare la qualità della nostra esistenza, rendendola più salubre, equilibrata, interessante, gratificante, aumentando così le difese fisiche, cognitive, psicologiche, che possano preservarci dall'insorgenza di tale patologia.

Il miglioramento della qualità della vita dovrebbe a mio avviso iniziare sin da giovani e proseguire in tutto il percorso di vita, venendo quindi mantenuto anche da anziani.

Quanti soggetti arrivano alla Terza Età in precarie condizioni di salute, magari con difficoltà e preoccupazioni economiche, in alcuni casi dopo aver subito lutti importanti, soli, senza curarsi, con abitudini alimentari scorrette, non facendo movimento e non svolgendo più alcuna attività, vivendo in stato di isolamento, di fragilità e, per questo, di notevole vulnerabilità psicofisica?

Non sono forse tali persone particolarmente a rischio di insorgenza della malattia?

Considerando l'allungamento della vita media proprio degli ultimi anni, l'attivare strategie di intervento psicosociali finalizzate a garantire a sempre più anziani la possibilità di vivere in maniera sana, costruttiva ed adeguata l'ultimo tratto di vita, potrebbe a mio avviso rappresentare un'altra valida forma di prevenzione, ai fini di ridurre il numero invece sempre più crescente di malati di Demenza.

Legato al discorso relativo alla qualità della vita, vi sono poi altri fattori, già individuati, che ritengo debbano essere tenuti nella massima considerazione, negli studi, nella prevenzione e nella gestione del problema.

Si tratta dello stress e degli eventi traumatici.

Dalle ricerche condotte, risulta quanto il cervello, a causa di tali fattori, subisca in un attimo un processo di invecchiamento, con danni che sono rilevabili anche molti anni dopo e che aumentano il rischio di ammalarsi di patologie come la Demenza.

Per quanto riguarda lo stress, studi recenti mostrano che il vivere in tensione continua, oltre ad influire negativamente sull'apparato cardiovascolare, sulla digestione e sul tono dell'umore, aumenta anche la probabilità di sviluppare malattie neurodegenerative, come l'Alzheimer. Dalle ricerche condotte, è stato evidenziato quanto il Cortisolo (l'ormone dello stress), prodotto ad un livello ottimale migliori attenzione, concentrazione, riflessi, performance, avendo di conseguenza un effetto positivo, ma, se eccessivo, diventi causa di danni fisici e cognitivi.

Vi è quindi differenza tra lo stress fisiologico, legato alla vita quotidiana e quello eccessivo o protratto nel tempo, il 'distress', che può svilupparsi a causa di difficoltà, preoccupazioni, oppure in seguito ad eventi traumatici, come calamità naturali, situazioni di guerra, incidenti, aggressioni, perdite improvvise e/o violente.

E veniamo a quest'ultimo aspetto, che ha riguardato da vicino mio padre.

Come ho evidenziato raccontando la sua storia, esso ha a mio avviso avuto un peso fondamentale, nel lento ma inesorabile insorgere della malattia.

Molte ricerche condotte fino ad oggi hanno evidenziato in maniera ormai inconfutabile il ruolo degli eventi traumatici, nella genesi della malattia.

Si è visto come essi, vissuti da giovani, espongano al rischio di sviluppare in età avanzata il deterioramento cognitivo e patologie come la Demenza.

Come scrivevo prima, il cervello subisce in seguito a tali eventi un processo di invecchiamento, per cui rimane particolarmente vulnerabile.

Fino a che, probabilmente in concomitanza con altri fattori, quali l'età, patologie di diversa natura e le vicende della vita, alcune a propria volta molto dolorose, come preoccupazioni, dispiaceri, lutti importanti, non riesce più a funzionare adeguatamente.

E, di conseguenza, insorge la malattia.

Alcuni studi esposti in occasione della già citata *Alzheimer's Association International Conference (AAIC)*, evidenziano tali aspetti.

Nel 2016 a Toronto, Canada, è stata presentata una Ricerca condotta presso l'University of California, San Francisco, sulle cartelle cliniche di quasi 500 pazienti sessantenni ed oltre, ricoverati in una Struttura Sanitaria tra il 2002 ed il 2014.

La ricerca ha evidenziato come in un gruppo di anziani di età media di 71 anni, chi aveva subito un evento ad alta valenza stressogena e sofferto poi, a causa di esso, di un Disturbo da Stress Post Traumatico, si fosse ammalato più facilmente di Demenza, con un rischio che è risultato essere del 56% in più, rispetto alla popolazione normale.

Gli uomini, in particolare, avevano presentato un aumento del rischio del 90%.

A Londra nel 2017, invece, è stata esposta una ricerca condotta dalla University of Wisconsin School of Medicine and Public Health su 1320 persone di età media di 58 anni, che avevano subito eventi traumatici. Essa ha evidenziato come tali soggetti avessero riportato risultati peggiori nei test di memoria e di capacità cognitiva.

Altri studi ancora in atto, condotti sui veterani del Vietnam, stanno evidenziando come un Disturbo da Stress Post Traumatico, sviluppato dopo traumi di guerra fisici e psicologici, porti non soltanto a manifestare per anni incubi, Depressione, sbalzi d'umore ed improvvise esplosioni di rabbia, ma anche ad una maggiore possibilità di sviluppare in età avanzata patologie, quali la Demenza e la Malattia di Alzheimer.

È alla luce sia di questi dati scientifici sia della triste esperienza di mio padre, caratterizzata durante la guerra dalla drammatica uccisione del suo giovane fratello, che ritengo sia necessario estendere ed applicare il concetto di diagnosi precoce anche "a monte".

E quindi, per evitare a distanza di tempo lo sviluppo di malattie così gravi ed invalidanti, penso sia fondamentale intercettare, diagnosticare, curare e gestire al momento opportuno patologie come può esserlo un Disturbo da Stress Post Traumatico che, dopo il dramma che l'aveva colpito, era sicuramente insorto anche nel caso di papà ma che, per diverse ragioni, non ha purtroppo trovato il necessario spazio di espressione e di cura. Sfociando poi, con l'avanzare dell'età, il pensionamento e la scomparsa di alcuni altri suoi cari, in un crescente disagio con sintomi depressivi e contribuendo così, insieme ai fattori organici già evidenziati, a favorire la genesi della malattia neurodegenerativa.

Per quanto riguarda lo stress e gli eventi traumatici, osservando mio padre ed altri casi di alcuni suoi compagni

di sventura, ho avuto l'impressione che, ad un certo punto, il soggetto dica basta.
Come se la convivenza con le "bruciature" provocate a livello psicofisico da tali agenti, pesasse all'improvviso davvero troppo. Come se, non soltanto l'organismo non avesse più la capacità di funzionare in modo da adattarsi, sopportare e riparare i danni subiti ma vi fosse anche un venir meno della motivazione e della forza di volontà, nel mantenere comunque un equilibrio. Nell'andare avanti, nell'esserci nonostante tutto. E allora, probabilmente, si cede, si mollano gli ormeggi, si abbandona il controllo, si fugge e ci si lascia trasportare alla deriva, rappresentata dall'insorgenza della malattia.
Alla luce anche della già citata, importante e recente scoperta italiana sul legame tra Depressione e Alzheimer, penso quindi sia necessario un intervento tempestivo, su tutte le forme di psicopatologia.
Anche se si dovesse trattare di sintomi depressivi e non già di Demenza, ciò appare comunque essere un quadro clinico meritevole di adeguata diagnosi e trattamento, perché esso rappresenta spesso l'anticamera della grave ed invalidante malattia, che si manifesta poi in tarda età.

ASSISTENZA AL PAZIENTE

Ma veniamo adesso all'aspetto su cui mi preme particolarmente condividere alcune osservazioni con i lettori: l'assistenza al paziente.
Nonostante tutto ciò che già si sta facendo, ritengo sia questo un risvolto purtroppo ancora molto critico e, di conseguenza, meritevole in modo particolare di attenzione e di interventi urgenti.

Con mia madre ed i miei fratelli ci sono passata in prima persona ed ho visto tante altre famiglie impegnate nell'assistenza ad un malato di Demenza. Conosco molto da vicino il problema e posso di conseguenza testimoniare quanto sia dura, quanto la presenza di un paziente di questo tipo devasti e stravolga realmente la vita individuale e familiare dei congiunti che se ne devono occupare.

Due, penso siano sostanzialmente gli ambiti in cui si potrebbe e si dovrebbe intervenire, per migliorare le condizioni dell'assistenza e dei familiari impegnati in essa, ovvero:
- riuscire a fornire un aiuto concreto e valido, in termini economici e di gestione quotidiana del paziente
- comprensione e supporto psicologico.

Per quanto riguarda il primo punto, ritengo innanzitutto di assoluta importanza l'aspetto economico.

I dati che ho precedentemente riportato, relativi a recenti stime, parlano chiaro: assistere un malato di Demenza in Italia costa veramente troppo. Badanti ed RSA hanno un costo elevatissimo che è per la maggior parte a carico delle famiglie.

Come scrivevo, anche nel nostro caso il primo ricovero costava, tanto che, ad un certo punto, abbiamo dovuto spostare papà in una struttura fuori Milano, con una retta un po' più bassa. E noi, per fortuna, lo abbiamo potuto ricoverare.

Ma chi proprio non se lo può permettere?

Come fa?

Ad un certo punto, come è avvenuto con papà, la gestione a domicilio diventa impossibile. Ma se non si hanno i soldi per il ricovero, come se ne viene fuori? Ci si ammala, a propria volta? Si muore, di strazio, di deprivazione di sonno, di fatica?

Servono quindi, prima di tutto, soldi, fondi, investimenti, sia per l'assistenza a casa da parte delle badanti, che non

può essere sempre e solo a carico delle famiglie, sia per i ricoveri.
Per quanto riguarda questi ultimi, la retta dell'RSA è costituita da:
- una "Quota Sanitaria", corrispondente al 50% del totale, a carico della Regione
- una "Quota Sociale" o alberghiera, per vitto, alloggio, costi del personale socio-educativo, a carico del degente.

In base all'ISEE (Indicatore dello Stato Economico Equivalente), tale quota può, in alcuni casi di particolare indigenza, essere corrisposta dal Comune di Residenza.
Vi sono però diverse criticità.
Intanto, non sempre le Regioni versano effettivamente il 50% della "Quota Sanitaria".

Mancano inoltre dei riferimenti di legge in merito alla "Quota Sociale" a carico del degente, il cui importo viene quindi stabilito arbitrariamente da parte di chi ha in gestione le RSA.

A tale proposito, vi sono enormi disparità tra le rette, in base anche alla collocazione territoriale delle strutture.
Nella nostra esperienza, abbiamo ad esempio riscontrato una significativa differenza di costo tra le RSA di Milano e quelle delle Provincia.

Ancora, è molto difficile il riconoscimento in base all'ISEE di uno stato di indigenza tale, per cui, al pagamento della Quota Sociale debba provvedere il Comune di Residenza.

Bisogna poi considerare che i costi, oltre al ricovero, riguardano anche altro. Non in tutte le strutture la retta include infatti servizi quali ad esempio la lavanderia, il parrucchiere/barbiere, il trasporto per visite mediche e ricoveri ospedalieri.

Nel nostro caso, anche quando papà era già ricoverato in RSA, abbiamo dovuto ad esempio provvedere privatamente al pagamento di interventi sanitari di altro tipo o per trasportarlo più volte in ambulanza o con mezzo dedicato in strutture ospedaliere, per visite in Pronto Soccorso e specialistiche.

Da una delle ricerche sopra citate, si evince tra l'altro quanto, ultimamente, le famiglie siano parzialmente sgravate dai costi, grazie all'ausilio rappresentato dal Sussidio di Invalidità.

In realtà, non è proprio così. A parte le difficoltà legate ai tempi lunghi ed alla logistica (spostamento del paziente), per sottoporre l'ammalato a visita per il riconoscimento dell'Invalidità, nonché il rischio che essa non venga diagnosticata subito ed al 100%, quanto poi si percepisce è veramente esiguo. Rappresenta solo una goccia, nel mare delle spese necessarie ad un soggetto con Demenza.

Per non parlare poi dei costi indiretti per le famiglie, derivati ad esempio dalle assenze dal lavoro non previste per legge e non retribuite, oppure dalla necessità in cui alcuni Caregivers si trovano, di dover ad un certo punto lasciare definitivamente la propria occupazione, per potersi dedicare come necessario al congiunto ammalato.

Serve quindi di più, per alleggerire l'onere economico privato.

È vero, qualcosa in tal senso si sta già facendo e ciò è apprezzabile.

Ad esempio, la Regione Lombardia ha stanziato nell'ultimo anno 10 milioni di Euro, per ridurre la retta dell'RSA.

Di recente, sono anche state emesse alcune sentenze (dal Tribunale di Monza e dalla Corte di Cassazione), in base alle quali è stato stabilito che, in caso di ricovero per Demenza Grave e laddove le prestazioni siano ad "alta integrazione sanitaria", cioè di preminente carattere sanitario, la retta sia a carico esclusivo della Sanità Pubblica e non del degente.

Ancora, nel Novembre 2017, la Commissione Bilancio ha approvato un emendamento che prevede lo stanziamento di 60 milioni di euro dal 2018 al 2020 per *"la copertura finanziaria di interventi legislativi finalizzati al riconoscimento*

del valore sociale ed economico dell'attività di cura non professionale del caregiver familiare". Il ruolo di quest'ultimo, dovrebbe cioè venire ufficialmente riconosciuto e tutelato, sia a livello sociale che dal punto di vista economico.
Questi sono sicuramente passi molto importanti.
Ma è necessario fare di più, ad esempio attraverso un adeguamento della "Quota Sanitaria" e stabilendo un tetto per quella "Sociale".
Ritengo quindi che lo stanziamento di soldi pubblici sia di primaria necessità, anche per far fronte a situazioni come quelle prima evidenziate, in cui, alla malattia del familiare, si aggiungono spesso difficoltà lavorative ed economiche dei Caregivers.
L'aiuto concreto da fornire alle famiglie, a mio avviso riguarda poi anche altri aspetti, ad esempio le risorse assistenziali.
Innanzitutto, penso servano più strutture: gli ammalati sono sempre più numerosi e, di conseguenza, ci sono liste di attesa per l'ingresso in RSA, a volte anche di anni.
Non è plausibile, tutto ciò.
Quando il deterioramento è grave ed essendo il Caregiver notevolmente provato, il ricovero diviene assolutamente necessario.
È vero, ci sono i Ricoveri di Sollievo, brevi periodi in cui l'ammalato viene inserito in una struttura, al fine di alleggerire un po' chi se ne occupa.
Ciò può indubbiamente essere un aiuto, ma non è sufficiente e, comunque, non funziona al meglio.
L'iter per poterne usufruire non è né automatico né immediato e inoltre, una volta che il breve periodo di ricovero si conclude, il problema si ripresenta: dove va, infatti, l'ammalato?
Credo sia quindi necessario poter offrire un servizio che preveda la presenza di molte più strutture sul territorio, accessibili a tutti, in termini economici ma anche di una disponibilità di posti che tenga conto della sempre più

crescente richiesta e dell'urgenza, a volte, di ricoverare l'ammalato.

Oltre ad una maggiore offerta di possibilità di degenza, credo sia di fondamentale importanza che sempre più Residenze per Anziani si dotino di reparti dedicati o Nuclei Protetti, allo scopo di garantire un'assistenza adeguata al particolare tipo di patologia.

L'ammalato di Demenza presenta una sintomatologia peculiare e necessita di essere seguito in modo conforme.

Sono quindi necessarie strutture e spazi in esse appositamente predisposti.

La Regione Lombardia ultimamente ha già previsto più Nuclei e posti letto Alzheimer. È un passo avanti, sicuramente.

Ma bisogna fare di più e anche altro.

Ad esempio, è altresì necessario secondo me investire sulla formazione del personale sanitario che assiste il paziente (questo vale anche per chi opera a domicilio o nei Centri Diurni), poichè la malattia va conosciuta in tutti i suoi aspetti, altrimenti vi è il rischio, attraverso interventi non consoni, di peggiorarne le già disfunzionali e drammatiche manifestazioni.

Ancora, oltre alla formazione e ad un addestramento specifico, ritengo sia necessario per le figure sanitarie che operano a contatto con l'ammalato, il fatto di poter lavorare sempre in condizioni adeguate.

Ad esempio, con un organico che consenta di fornire un'assistenza continua ed efficace; con la presenza, sempre, di un'équipe multidisciplinare e sinergica, costituita da diverse professionalità, ovvero medici, infermieri, psicologi, assistenti sociali, operatori socio-sanitari; con turnazioni che prevedano la possibilità di riposare; con un congruo compenso economico; con valutazioni psicoattitudinali in fase di assunzione mentre, in itinere, un monitoraggio periodico dell'idoneità alla mansione ed uno spazio di supervisione/supporto psicologico.

Come scrivevo prima, lavorare a contatto con un malato di Demenza rappresenta una delle attività a più elevato rischio di 'Burnout' e, come tale, andrebbe considerata e gestita, a beneficio non soltanto del paziente e delle figure sanitarie che se ne occupano, ma anche dei Caregivers.

Come lo è stato per me, sapere che il proprio parente affetto dal terribile male è affidato alle cure ed all'assistenza di personale che conosce la malattia, sa come gestirlo ed è posto nelle condizioni di poter lavorare adeguatamente, credo rappresenti un po' per tutti i familiari un notevole fattore di sollievo, a livello psicologico e pratico.

Una delle cose che ho rilevato più frequentemente, osservando mia madre e gli altri familiari impegnati ad accudire l'ammalato, è l'enorme fatica che si fa, nello staccarsi anche solo per un attimo dallo stesso: questo, perfino quando egli è ricoverato in RSA.

A me fa venire in mente un filo sottile, a cui ancora ci si aggrappa, tenendolo stretto tra le mani, per evitare che, insieme a tutto il resto già andato, sfugga via, facendo perdere anche quel poco che è rimasto del caro congiunto.

La difficoltà a separarsi dall'ammalato si presenta però anche perché spesso all'esterno non si trovano servizi e supporti adeguati. Non ci si sente adeguatamente aiutati. Non ci si fida.

Allora, il sapere che c'è qualcun altro che conosce la patologia e che è in grado di alternarsi validamente nell'assistenza, può portare i Caregivers a sentirsi più liberi di allontanarsi, almeno per qualche ora, dal proprio congiunto.

E ciò è di fondamentale importanza.

Perché, in termini di aiuto concreto, una delle cose di cui il Caregiver necessita maggiormente è il fatto di poter conservare, nonostante tutto, del tempo e dello spazio lontani dal paziente.

Come si evince dai dati prima esposti e come ripeto nuovamente, assistere un ammalato di Demenza è davvero

devastante e logorante. Rischioso, in termini di salute psicofisica.
I Caregivers sono oltretutto spesso anziani e/o a propria volta affetti da una qualche patologia, che necessita magari di riposo, cure, ricoveri.
A volte, infatti, come purtroppo è capitato ad alcuni parenti di qualche compagno di sventura di mio padre, si ammalano anche gravemente in contemporanea al familiare, vivendo così una situazione ancora più difficile e drammatica, in quanto nell'assoluta necessità di curare sé stessi, ma non potendo nello stesso tempo abbandonare il proprio caro.
Altri sono completamente soli e devono farsi carico in maniera esclusiva dell'ammalato, il quale assorbe però davvero troppe energie psicofisiche, che vanno quindi necessariamente ed in qualche modo ricaricate.
Anche perché non si sa quanto la malattia possa durare: a volte va avanti anche per anni, con un progressivo logoramento del Caregiver.
Quindi, potere e riuscire nonostante tutto a mantenere anche un piccolo spazio e ritaglio di tempo per sé, rappresenta a mio avviso una valida strategia, per ricaricare o trovare le risorse necessarie per continuare ad assistere il proprio congiunto.
Di conseguenza, il Caregiver va aiutato e spronato a fare ciò.
Ma nel modo adeguato.

E qui veniamo al secondo ed importante aspetto che riguarda l'assistenza al paziente ed i familiari che se ne occupano: la comprensione ed il supporto psicologico.
Oltre che di aiuti concreti, il Caregiver ha assolutamente bisogno prima di tutto di essere capito.
Ho letto ed ho sentito spesso interventi da parte di varie figure sanitarie, parenti e conoscenti, davvero fuori luogo, che non solo non aiutano, ma che possono anche favorire

l'insorgenza di un maggior disagio e difficoltà, nei familiari impegnati nell'assistenza.

Il dolore e la fatica che si vivono sono davvero enormi e vanno di conseguenza compresi e rispettati.

Perché il dramma di questa orribile malattia e le sue assurde manifestazioni devastano e travolgono, facendo sentire diversi, rispetto alla "normalità". Si ha la sensazione di vivere qualcosa che gli altri non possono capire e ciò porta ad allontanarsi e a chiudersi nel proprio dolore. Se poi ci si sente non compresi, ancora di più.

Il supporto psicologico per Caregivers e familiari è un ausilio largamente previsto, implementato ed offerto, nelle strategie di intervento e di assistenza, nelle strutture e nelle associazioni che si occupano della malattia.

Ma, osservando i parenti dei malati, ho rilevato molto spesso marcate resistenze, nel riconoscerne l'utilità e, di conseguenza, nell'accettare di avvalersene.

Credo quindi che un sostegno possa essere fornito anche indirettamente, prima di tutto, appunto, attraverso la comprensione.

Ad esempio, per quanto riguarda l'importanza di conservare spazi e tempo lontani dal congiunto ammalato, non è segno di comprensione e non è di nessuna utilità dire ad un Caregiver (come purtroppo, in alcuni casi, è successo), frasi del tipo: «*Ma adesso che è ricoverato, perché non si distrae un po'? Perché non va al cinema o a teatro?*».

Posso garantire, essendoci passata di persona, che le energie, l'attenzione ed i pensieri, anche se fisicamente si è lontani dal proprio caro, sono costantemente concentrati su di lui.

Per qualcuno può anche non essere così ma, nella maggior parte dei casi, non si ha proprio né la testa né la voglia di dedicarsi ad attività ricreative. Spesso poi, come diceva anche mia madre, le stesse attività si svolgevano fino a poco prima insieme al congiunto e diventa ancora più straziante l'evidenza del fatto che egli adesso non lo

possa più fare, perché non ne ha più la memoria e le capacità.
Oppure ci si sente in colpa, se si prova a distrarsi un po'.

Invitare il Caregiver a mantenere uno spazio per sé deve essere quindi fatto in un altro modo, comprendendone, prima di tutto, la particolare sofferenza emotiva e lasciandolo libero di scegliere, come impiegare il proprio tempo.

Che può essere speso ad esempio per dedicarsi ad altre incombenze, per recuperare una quotidianità ed una "propria dimensione" magari trascurate nelle necessità legate all'assistenza, per riposare, dormire, prendersi cura di sé, piangere e sfogarsi, provare ad ascoltare e mettere ordine nei propri dolorosi pensieri ed emozioni, oppure, dopo anni, mesi, giorni, ore "di trincea", per non fare, almeno per qualche minuto, assolutamente nulla.

Consigli, suggerimenti, parole di incoraggiamento, devono quindi essere elargiti in modo adeguato, affinché abbiano davvero una qualche utilità.

Sono stati prodotti nel tempo numerosi *"vademecum"*, disponibili anche su Internet, che forniscono informazioni sulla malattia e su come gestire il paziente.

Alcuni di essi sono indubbiamente validi, sottendono un'approfondita conoscenza del problema da parte di chi li ha prodotti e rappresentano davvero un aiuto efficace.

Altri di essi o anche frasi rivolte ai Caregivers di cui sono venuta a conoscenza, a mio avviso lo sono meno, risultando poco adeguate e pertinenti alle specifiche situazioni.

Ad esempio, avevo saputo che la moglie di uno dei compagni di sventura di mio padre, forse con l'intento di farla reagire ed allontanare almeno temporaneamente dal coniuge, era stata "ripresa" e "rimproverata" da una figura sanitaria, che le aveva detto: «*Lei signora non ha ancora accettato la malattia di suo marito*».

Il Caregiver è già abbastanza provato, stanco, straziato, sofferente e fragile, per quello che sta vivendo il proprio caro. E l'ultima cosa di cui ha bisogno è quindi quella di

essere sgridato o, in qualche modo, colpevolizzato, oltretutto perché non riesce ad accettare la malattia.
Da parente di una nonna e di un papà affetti da Demenza, posso dire che questo non avverrà mai. A fatica e proprio malgrado, si deve imparare a convivere con il dramma che si sta vivendo, ma accettare, no, o, almeno, è molto, molto difficile e peggiora lo stato emotivo del Caregiver farlo sentire inadeguato, perché non vi riesce.

Ancora, per esempio in riferimento a quell'alterazione comportamentale tipica della patologia che è il vagabondaggio, ho letto da qualche parte consigli di questo tipo: *"Quando il paziente vuole uscire, cercate di distrarlo, portando la sua attenzione su qualcos'altro"*.

Questo mi sembra un suggerimento valido, in quanto facilmente realizzabile e, come ho avuto modo di sperimentare con mio padre, a volte davvero efficace.

Al contrario, consigli del tipo *"Se proprio insiste per uscire, non opponetevi ed andate con lui"*, penso siano poco realistici e, a volte, anche irritanti, con conseguente rifiuto e chiusura, da parte dei familiari, nei confronti di eventuali suggerimenti o aiuti esterni.

Pensiamoci un attimo: ma può un Caregiver, con la propria vita ed i propri impegni, se figlio magari con un lavoro ed una famiglia, se coniuge a propria volta anziano, ammalato, o, comunque, con mille altre incombenze a cui far fronte, lasciare tutto, improvvisamente ed anche più volte consecutive, per andare al seguito del parente ammalato? O peggio, visto che, a causa del disorientamento temporale l'intenzione di uscire può manifestarsi in qualsiasi momento e quindi anche nel cuore della notte, può il Caregiver svegliarsi, alzarsi e vagare senza meta insieme al paziente per strada, oltretutto con i rischi per l'incolumità che ciò comporta?

Molto meglio allora prevenire il comportamento disfunzionale, come appunto cercare di distrarre l'ammalato oppure nascondere le chiavi della porta di ingresso, o anche sostituirne la serratura.

Un altro esempio, per quanto riguarda questa volta la Prosopagnosia, ovvero l'incapacità di riconoscere i volti familiari. Ho letto frasi di questo tipo: *"Non offendetevi se non vi riconosce o vi confonde con qualcun altro"*. *"Il Caregiver spesso prova rabbia, per il fatto di non venire più riconosciuto"*. Offendersi??? Provare rabbia??? Dalla mia personale esperienza con la nonna e con papà, posso garantire che quando entrambi hanno iniziato a non riconoscermi più, l'ultima cosa che può essermi capitata è stata quella di essermi sentita offesa od arrabbiata.

Ciò che si prova, davvero, è invece la straziante angoscia, il lacerante vissuto di abbandono ed il devastante senso di vuoto che ho nelle pagine precedenti descritto.

Quindi, invece di dire come si deve sentire, sarebbe a mio avviso più funzionale aiutare il Caregiver a rielaborare tali vissuti di perdita, anche attraverso un percorso psicologico, oppure con frasi rassicuranti come altre che ho letto, del tipo: *"Anche se non ci riconosce, l'ammalato conserva teneri ricordi di noi"*.

Personalmente, sulla base della mia esperienza non so se ciò avvenga davvero a livello cognitivo, ma posso testimoniare che, in qualche modo, i pazienti qualcosa percepiscano e conservino ancora del legame e della familiarità che avevano con i propri cari. Comunque, frasi come queste confortano, perché, facendo sentire che non è tutto perduto, che qualcosa è rimasto della storia e della strada che si è percorsa insieme, alleviano lo smarrimento, l'ansia e lo strazio che si vive.

Il Caregiver ed i familiari dell'ammalato, per essere aiutati in modo adeguato, hanno quindi bisogno innanzitutto di comprensione.

Ma anche di ascolto. E di condivisione.

È questo un ultimo aspetto che ritengo di fondamentale importanza e su cui, quindi, penso sia utile soffermarmi un attimo.
Un aspetto da non sottovalutare.
Perché come evidenziavo parlando della nostra esperienza e del legame che si era creato con i parenti dei compagni di sventura di mio padre ricoverati in RSA, il sapere che altre persone stanno vivendo la stessa tragedia fa sentire capiti, porta ad aprirsi, a condividere pensieri, emozioni, consigli, a fornire reciprocamente supporto emotivo, con il risultato complessivo di alleggerire, almeno in minima parte, il fardello rappresentato dalla malattia del proprio caro, ancora più pesante, se lo si porta in solitudine.
Come già avviene in alcune strutture, utile, da questo punto di vista, può allora essere l'attivare spazi di supporto psicologico anche di gruppo, in cui i familiari possano sentirsi accolti, ascoltati, compresi, sostenuti e, in definitiva, non soli.
Nell'ottica di limitare la "solitudine" delle famiglie, dei Caregivers e dell'ammalato, favorendo una più funzionale e sinergica assistenza, concludo citando due iniziative, che ritengo molto interessanti.
La prima riguarda l'apertura in Provincia di Treviso di spazi in cui operano volontari che dedicano del tempo all'assistenza ai malati di Alzheimer, offrendo così la possibilità ai Caregivers di essere per qualche ora alleggeriti da tale onere.
La seconda, è relativa ad un progetto avviato da qualche anno in Italia, precisamente in provincia di Milano, ad Abbiategrasso come città pioniera ma attualmente in estensione anche ad altre realtà e promosso dalla Federazione Alzheimer Italia, con la collaborazione della Fondazione Golgi Cenci, l'ASP Golgi Redaelli, l'Associazione Italiana di Psicogeriatria, l'Asst Ovest Milanese.
Tale progetto, di derivazione inglese, ha lo scopo di far diventare una città di medie dimensioni una *"Dementia*

Friendly Community" (*"Comunità amica della Demenza"*), ovvero di coinvolgere figure ed enti come ad esempio la Polizia Municipale, i dipendenti degli uffici pubblici, i commercianti, le scuole, i volontari, i quali, attraverso una specifica formazione, imparano ad interagire in maniera adeguata con l'ammalato, facendolo sentire inserito nella proprio contesto e fornendo in tal modo anche ai Caregivers un validissimo aiuto nell'assistenza.

A mio avviso, sarebbe davvero un enorme passo avanti, nel riconoscimento delle problematiche legate alla malattia ed alla gestione della stessa, se tali esperienze venissero prese come modello ed estese a sempre più contesti sociali, magari pensando anche di mutuarle nelle zone o nei quartieri delle grandi città.

LA VITA CHE RITORNA

"Agosto 2014.
Non so se sia già il momento giusto.
Ma avverto la necessità di scrivere, stasera.
Mi sento come quella mattina di quasi due anni fa.
Era Natale. Ed io, ho avuto per la prima volta la percezione di averti perso, per sempre.
Ho pianto e ti ho salutato, quella mattina. Ho iniziato a fare i conti con il devastante senso di vuoto derivato dalla consapevolezza che te ne fossi definitivamente andato. Mi chiedevo come potesse essere successa una cosa del genere, come potessi un attimo prima esserci stato e poi, all'improvviso, non esserci stato più. Perso, nei meandri del tuo cervello, reso inservibile dalla terribile malattia che ti ha colpito.
Mi sentivo impotente e soffrivo di un dolore acuto, in quel momento.
Mi chiedevo in quale attimo esatto te ne fossi andato, dove fossi io, cosa stessi facendo, perché non me ne fossi resa conto e come non avessi potuto impedire che accadesse.
In realtà, per un certo periodo, è successo tutto progressivamente.
Avevo capito che fosse in atto un decadimento cognitivo. E che, a poco a poco, tu non eri più tu.
Ma dopo "La Grande Batosta" di pochi mesi prima la mattina di Natale, è stato un precipitare, improvviso, rapido ed inesorabile. In un oblio, fatto di confusione, disorientamento, delirio.
E quando hai incominciato persino a non riconoscermi più, ecco, allora ho capito che non saresti davvero più tornato.
E che nulla sarebbe stato più come prima.
Era il primo Natale, senza di te.
Soffrivo per la perdita.
Ma anche nel vederti così offeso dalla malattia.
E allora, in lacrime, con lo stesso pianto sconsolato di stasera, ho chiamato in aiuto tuo fratello Gino, i nonni e la zia Alberta.

Ho chiesto loro di venirti a prendere. Al più presto. Per evitarti altro strazio.
La stessa cosa l'ho fatta più volte, nei mesi che sono seguiti, mentre, implacabile, la Demenza ti invadeva il Sistema Nervoso. E l'ho ripetuta anche ultimamente, perché non ce la facevo proprio più a vederti in quello stato. Sulla sedia a rotelle, a cui, per evitare che ti alzassi e che cadessi, negli ultimi mesi ti legavano con la "contenzione", ridotto ad uno scheletro, con il viso consunto, lo sguardo vacuo e l'espressione apatica propria della malattia, sedato dai neurolettici altrimenti ti agitavi e diventavi aggressivo, totalmente incapace di utilizzare gli oggetti in maniera consona, di compiere movimenti finalizzati e di badare a te stesso, non più in grado di camminare da solo, di leggere, di scrivere, di parlare, di pensare, di capire, perso in un limbo da cui nessuno aveva il potere di tirarti fuori, mentre la tua intelligenza e la tua identità si sgretolavano così, senza che ci fosse modo di impedire che accadesse.
E l'ho fatto anche una ventina di giorni fa.
Mentre agonizzavi, ma, ancora prepotentemente legato alla vita, non cedevi e continuavi a lottare.
<<Basta, per pietà, basta. Venitevelo a prendere. Dove siete, cosa aspettate?>>.
Nel frattempo, incitavo anche te.
Ti dicevo: <<Non avere paura, staccati, liberati finalmente di questo corpo malato e vola via. Adesso puoi. E allora vai, papà. Vai!>>.
E, ad un certo punto, è successo.
Dopo ore di agonia straziante, in cui il tuo respiro ed il tuo cuore si sono spenti a poco a poco, nelle quali, a singhiozzo e sempre più flebilmente, ho respirato male ed ho sofferto insieme a te, finalmente, la pace.
Il tuo cuore, all'improvviso, ha cessato di battere.
La maschera dell'ossigeno ha smesso di appannarsi al tuo respiro.
Ti sei irrigidito tutto. Hai reclinato il capo.
Poi, un altro lievissimo cenno di vita.

E alla fine sei andato, papà.
Ma ti sono venuti a prendere? Ti hanno dato la mano affinché non avessi paura? Ti hanno accompagnato? Rassicurato? Confortato? Vi siete ritrovati?
I nonni, Gino e la zia Alberta sono lì con te, ora? Che bello sarebbe, se fosse proprio così...

Stai bene adesso, papà?
Dì la verità...non vedevi l'ora di poter essere libero, di correre, finalmente, dopo mesi di immobilità.
Ti sei fatto uno dei viaggetti che ti piacevano tanto?
Lo spero tanto, per te.
Ovunque tu sia, scommetto che hai la sigaretta in mano.
Come quando eri qui e uscivi apposta per fumare.

Un pulcino.
Quando ti hanno tolto l'ossigeno e composto nel letto, in attesa che venissero a prenderti per portarti nella camera mortuaria, mi sei sembrato un pulcino.
Avevi una testina tonda. Implume. Eri piccolino...
Come un neonato.
E, forse, è proprio così.
Per noi che siamo rimasti qui, sei morto.
Ma per quanto ti riguarda, sei rinato.
In uno spazio e con un'essenza diversa.
Ma sano, adesso.
E più vivo che mai.

Questo dobbiamo pensare tutti, per accettare la tua morte.
Ed anche io. Che questa sera, come quella mattina di Natale, sentendo che non ci sei più, o, almeno, che non tornerai nello spazio, nel tempo e nella forma in cui ero abituata a conoscerti, sono tristissima e non trovo consolazione.
Ma mi è di immenso conforto credere che adesso, finalmente, hai finito di soffrire.
Che stai bene.

Che sei di nuovo tu.
E che, ancora, vivi...".

Un giorno, quando eri da poco mancato, sono venuta con la mamma e Stefano a trovarti al cimitero.
Tra noi parenti c'erano state delle discussioni per futili motivi.
Ero particolarmente stanca e triste.
Forse, stavo iniziando ad accusare il peso di tutta la fatica, lo strazio ed il dolore, gestiti nei difficilissimi mesi della tua malattia.
Ero nel vialetto di passaggio tra i monumenti, poco distante dalla tua tomba.
D'un tratto, ai miei piedi, si è posata una farfalla.
Era bellissima.
Leggera, colorata, vivace.
Reclinando il capo e vedendola, d'istinto, l'ho chiamata: <<*Papà!!*>>.
È stato come se tu fossi venuto a consolarmi. A dirmi: <<*Sto bene adesso, non essere triste, sorridi!*>>.
Mi sono sentita molto meglio, allora.
E da quel momento, ogni volta che vedo una farfalla, penso che me l'abbia mandata tu.
Per starmi vicino. Per aiutarmi. Per esserci, anche se non sei più qui.

Qualche mese dopo, mi trovavo in un luogo di lavoro. Avevo un impegno importante, quel giorno. Dovevo fare una cosa nuova e, inevitabilmente, un po' di apprensione c'era.
All'improvviso, non so proprio da dove, visto che nella stanza in cui stavo non c'erano finestre, è comparsa una falena.
Ha iniziato a svolazzare un po' sul soffitto, in prossimità di una fonte di luce.
Poi, con mio immenso stupore, è venuta vicino a me.

Si è posata sul tavolo, a cui ero seduta. È stata lì qualche istante, a farmi compagnia.
E, quindi, se ne è andata.
In quel momento, ho avuto la netta sensazione che tu fossi lì con me, papà. Che un'altra volta, mi stessi portando un messaggio. Il tuo "*In bocca al lupo*", per l'importante lavoro che di lì a poco avrei dovuto svolgere e che alla fine è andato benissimo, anzi, molto meglio di quanto mi aspettassi.

Più o meno sempre nello stesso periodo, qualche mese dopo la tua scomparsa, mi trovavo, ancora una volta per lavoro, in un luogo marittimo.
Dopo aver eseguito i miei compiti e prima di prendere il treno per tornare a Milano, ho fatto una passeggiata sulla spiaggia. Avevo bisogno di un momento di calma.
Era forse la prima occasione, dopo la tua dipartita, in cui potevo stare un po' tra me e me, in silenzio, ad ascoltare i miei pensieri e le mie emozioni. Finalmente, dopo aver combattuto tanto per il tuo male, un po' di pace.
Mi sono allora seduta, in prossimità del mare.
Ho iniziato a respirare lentamente.
A lasciar andare tutte le tensioni che, sebbene fino a quel momento non me ne fossi resa conto, avevo nei mesi precedenti inevitabilmente accumulato.
Progressivamente, mi sono sentita sempre più rilassata e tranquilla.
E allora, l'ho sentita forte.
L'immensa energia della natura che mi circondava.
Nella quale, c'eri anche tu.
Il grande Tiziano Terzani, poco prima di andarsene dalla vita terrena, di "lasciare il corpo", come lui diceva, aveva regalato a sua figlia queste bellissime parole:
"*...Fermati. Fermati ogni tanto e lasciati prendere dal sentimento di meraviglia davanti al mondo...senti la pace...mettiti*

lì *un quarto d'ora a sentire il silenzio, a sentirlo. Ascolta il silenzio...".*
"...E ricordati, io ci sarò. Ci sarò, su nell'aria. Allora, ogni tanto, se mi vuoi parlare, mettiti da una parte, chiudi gli occhi e cercami. Ci si parla. Ma non nel linguaggio delle parole. Nel silenzio." [6]
Ed anche io, quindi, quella volta mi sono fermata.
Ho ascoltato.
Dapprima, il vento lieve e tiepido che soffiava.
Poi, il ritmico e quieto rumore delle onde che si infrangevano sulla spiaggia.
Infine, il silenzio.
E allora ti ho sentito.
Eri lì con me, in quel momento.
Eri nella natura che mi circondava.
Eri nel vento, nella sabbia e nel mare.
Eri sulla mia pelle. Eri in ciascuna delle mie cellule, che, ho avvertito forte, essere fatte della stessa materia del vento, della sabbia, del mare, della natura e di te.
Eri nell'inaspettato e graditissimo carico di lavoro che in quel periodo mi ero improvvisamente trovata a dover gestire.
Eri nell'amore infinito da cui mi sentivo avvolta e protetta.
Per sempre.
Siamo un tutt'uno.
E non moriamo, ma ci trasformiamo.
<<Bentornato papà!>>, ti ho detto allora.

Piano piano, ti ho quindi ritrovato.
È stato come se quell'essere te, che si era disgregato per la malattia, si fosse, una volta concluso il tuo passaggio sulla Terra, ricomposto nella sua integrità, permettendoti di riacquistare la tua identità.

---

[6] Tiziano Terzani, a cura di Folco Terzani *"La fine è il mio inizio"*, 2006, Ed. Longanesi

Ho iniziato quindi a parlarti in continuazione, come forse per orgoglio, per vergogna o per il timore di non essere ascoltata e capita, ad un certo punto non ho fatto più, quando c'eri.
Ora comunico con te attraverso un linguaggio dell'anima, un dialogo ininterrotto, uno scambio di energia che avviene su un piano diverso ed in un modo molto più ampio, profondo ed intenso, rispetto a prima.
E mi piace pensare che tu mi risponda. Mi dà forza e fiducia.
Scorgo allora tracce della tua presenza ritrovandoti nelle circostanze, nelle situazioni, negli eventi, nella natura, nelle persone e negli oggetti.
Per me, ci sei ancora.
Nonostante l'organismo sia deperito e poi morto.
Sebbene il tuo "essere" abbia adesso cambiato forma e consistenza.
Perché non è possibile distruggere il legame che ci ha unito in questa esistenza.
Esso è indissolubile.
Vive.
E vivrà.
Per sempre.

Sosteneva Albert Einstein che: *"Il tempo non è affatto ciò che sembra. Non scorre in una sola direzione e il futuro esiste contemporaneamente al passato".*

E quindi....

Quella volta al cimitero, dopo aver sollevato lo sguardo, ho visto la stessa farfalla che si era posata ai miei piedi, alzarsi in volo, davanti a me.
Ma non era sola.
L' accompagnava un'altra farfalla.

Volavano insieme, fianco a fianco, perfettamente sincronizzate ed in armonia.
Sembravano chiacchierare tra loro, come se avessero tante cose da raccontarsi.
Apparivano giovani, vibranti, spensierate, liete.
Trasmettevano allegria, calore e pace...

Mi piace pensare che quelle due farfalle foste tu e Gino.
Dopo tanto soffrire, finalmente sani.
Di nuovo insieme.
Ma, soprattutto, vivi.

Salutami tanto tuo fratello.
E a te, con tutto l'amore possibile, ciao papà.

LEGENDA
DISTURBI E SINTOMI PERCETTIVI E COGNITIVI

- Amnesia e Deficit di Apprendimento: perdita di memoria, in particolare immediata, recente, autobiografica ed episodica, di lavoro (o working memory, cioè il sistema che effettua un primo immagazzinamento ed una prima gestione dell'informazione), implicita o procedurale, ovvero la memoria di come si fanno le cose e di come si usano gli oggetti
- Disorientamento spazio-temporale: incapacità di riconoscere date e luoghi
- Deficit di attenzione: difficoltà di mantenimento dell'attenzione nel tempo (a.mantenuta), con stimoli e/o distrattori concorrenti (a.selettiva), di svolgere dei compiti nello stesso momento (a. divisa), di velocità di elaborazione nel rispondere, contare, compiere un'azione
- Deficit intellettivi: peggioramento delle capacità di ragionamento, di pianificazione e di giudizio
- Deficit del linguaggio: difficoltà di comprensione e di produzione verbale
- Anomia: incapacità di nominare un oggetto pur riconoscendolo
- Agnosia: incapacità di riconoscere oggetti, animali, persone, forme, suoni, odori prima noti
- Prosopagnosia: incapacità di riconoscere i volti familiari
- Aprassia: incapacità di effettuare movimenti volontari finalizzati ad uno scopo, di comprendere l'uso di oggetti, di compiere azioni comuni e/o abituali, pur essendo integra la mobilità
- Agrafia: deficit di scrittura
- Acalculia: perdita delle capacità di compiere semplici operazioni matematiche

Ringraziamenti

Desidero dal profondo del cuore rivolgere un "GRAZIE" sincero a tutte le persone che nei due anni impiegati nella stesura di questo mio scritto ci sono state, leggendo, commentando, sostenendomi, incoraggiandomi ed aiutandomi concretamente a renderlo pubblico.

In particolare, grazie a:

- Te mamma, in assoluto la mia prima lettrice. Grazie perché, con la stessa dignità, intesa e complicità con cui abbiamo condiviso i difficili e drammatici momenti della malattia di papà, in silenzio hai letto, compreso ed approvato
- Alessio, per la splendida copertina realizzata in ricordo del nonno
- Simona, la mia grande amica-sorella. Grazie perché hai saputo leggere con il cuore, capire ed apprezzare "al di là delle parole". E grazie per la costante presenza, gli incoraggiamenti e l'imprescindibile supporto che mi hai dato, spronandomi anche nelle fasi di scoraggiamento o di dubbio
- Zio Ambrogio, per l'affetto, la disponibilità, per aver letto e per esserci stato, in momenti di confronto, discussione e con un valido aiuto concreto, finalizzato alla pubblicazione
- Costanza, per la persona eccezionale che sei, perché, sebbene ci si conosca da poco, mi hai quasi "adottata", prendendoti a cuore me ed il mio lavoro
- Cristina, per il tempo che mi hai dedicato e le "dritte" che mi hai suggerito
- Gilberto Salvi per la disponibilità e la collaborazione dimostrata

Ma soprattutto,
Grazie a te papà, per avermi dato la possibilità di raccontare la tua storia.

Concludo,
Con un pensiero colmo d'affetto per tutti gli ammalati e le loro famiglie.

Indice

Prologo	9
Introduzione	11
Una brutta malattia	15
Il bambino che eri	23
Origini	26
Prendi il volo	34
La tua salute	45
Fratelli	49
Viaggi	57
Tu e noi	63
Il lavoro ma, soprattutto, noi	70
Un dolore antico	79
Rotoli giù	87
Settembre 2012: la grande batosta	93
Dove sei?	95
Chi sei?	104
Non trovi pace	108
La ragazza che abita oltre i binari del tram	114
Natale 2012: Arrivederci, Papà!	122
Non c'è alternativa	127
Un'altra casa	129
Proteggili	140
Com'è difficile	143
Cos'è successo?	151
Parlami, Papà	154
Agosto 2014 la natura lo sa	167

Demenza/alzheimer: che fare? 173
- Dati statistici 174
- Cause della malattia 176
- Trattamento e prevenzione 179
- Assistenza al paziente 187

La vita che ritorna 201

Legenda disturbi e sintomi percettivi e cognitivi 209

Ringraziamenti 211

© Paola Colombini - Febbraio 2018
© Mnamon - Febbraio 2018
ISBN 9788869492471
In copertina: Augusto Colombini in una fotografia da giovane
Copertina di Alessio Colombini

www.ingramcontent.com/pod-product-compliance
Lightning Source LLC
Chambersburg PA
CBHW032224080426
42735CB00008B/709